PETIT ATLAS
DE
GÉOGRAPHIE

COMPRENANT SEIZE PAGES DE TEXTE ET QUATORZE CARTES

A L'USAGE DES CLASSES ÉLÉMENTAIRES

Par L. CARREZ, Professeur.

DÉTAIL DES CARTES :

Palestine ancienne.	page 4	Amérique du Nord, physique et politique.	page 11
France physique et politique.	5	Amérique du Sud, physique et politique.	12
Mappemonde et Planisphère.	6	Océanie.	13
Europe physique.	7	France physique.	14
Europe politique.	8	France politique par provinces	15
Asie physique et politique.	9	France politique par départements.	16
Afrique physique et politique.	10	Géographie de l'Histoire ecclésiastique.	17

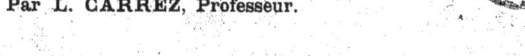

LIBRAIRIE DE J. LEFORT

IMPRIMEUR ÉDITEUR

LILLE | PARIS
RUE CHARLES DE MUYSSART, 24 | RUE DES SAINTS-PÈRES, 30

(Tous droits réservés.)

PETIT ATLAS
DE GÉOGRAPHIE

Notre **ATLAS GÉNÉRAL** devenant trop étendu pour les classes élémentaires, nous en avons, sur la demande qui nous en a été faite, extrait cet abrégé sous le titre de **PETIT ATLAS**. Nous n'y avons laissé que les parties spéciales indiquées au programme pour les classes inférieures à la sixième.

L. C.

PETIT ATLAS
DE
GÉOGRAPHIE

COMPRENANT SEIZE PAGES DE TEXTE ET QUATORZE CARTES

A L'USAGE DES CLASSES ÉLÉMENTAIRES

Par L. CARREZ

TROISIÈME ÉDITION

LIBRAIRIE DE J. LEFORT

IMPRIMEUR ÉDITEUR

LILLE · PARIS

RUE CHARLES DE MUYSSART, 24 | RUE DES SAINTS-PÈRES, 30

Tous droits réservés.

PETIT ATLAS
DE
GÉOGRAPHIE

DÉFINITIONS.

1. GÉOGRAPHIE. La *géographie* est la description de la surface de la terre. On la divise en deux parties : la géographie *physique* et la géographie *politique*.

2. GÉOGRAPHIE PHYSIQUE. La *géographie physique* étudie la conformation du sol terrestre, ses montagnes (*orographie*) et ses cours d'eau (*hydrographie*).

3. GÉOGRAPHIE POLITIQUE. La *géographie politique* étudie les peuples de la terre, les limites qui les séparent, leurs institutions politiques et leurs grands travaux.

LA TERRE.

4. MOUVEMENTS DE LA TERRE. La terre est une des *huit principales planètes* qui tournent autour du soleil. Elle est soumise à une *double rotation* : elle tourne d'abord sur elle-même en un jour de 24 heures avec une vitesse de 464 m. par seconde; elle tourne ensuite une fois de plus sur elle-même et autour du soleil en une année de 365 jours, avec une vitesse de 30 kil. par seconde.

5. RÉSULTATS. Ces mouvements produisent le jour et la nuit, l'année et ses *quatre saisons*, le printemps, l'été, l'automne et l'hiver.

6. AXE ET PÔLES DE LA TERRE. L'*axe de la terre* est la ligne autour de laquelle elle tourne sur elle-même. Le *pôle nord* ou *arctique* est le point de sa surface qui se confond avec cette ligne du côté de l'étoile polaire. Le point opposé s'appelle *pôle sud* ou *antarctique*.

7. POINTS CARDINAUX. Les quatre points cardinaux sont le *Nord*, l'*Est*, le *Sud* et l'*Ouest* Le *Nord* est marqué par l'étoile polaire qui semble immobile dans le firmament. En la regardant, on a devant soi le *Nord* ou *Septentrion*; à sa droite, l'*Est* (Orient ou Levant), où le soleil se lève; à sa gauche, l'*Ouest* (Occident ou Couchant), où le soleil se couche; enfin, derrière soi, le *Sud* ou *Midi*.

8. ROSE DES VENTS. La *rose des vents* se forme des quatre points cardinaux entre lesquels on place quatre autres points intermédiaires, N.-E., S.-E., S.-O., N.-O., puis huit autres, N.-N.-E., E.-N.-E., E.-S.-E., etc.

9. FORME DE LA TERRE. La terre est un vaste amas de roches, de terres et d'eaux. Elle est ronde, ou plutôt de *forme sphéroïdale*, c'est-à-dire que tous les points de sa surface sont à peu près à égale distance d'un point intérieur appelé *centre*; elle est cependant un peu aplatie aux pôles.

10. INDICES DE LA SPHÉRICITÉ. On reconnaît que la terre est ronde : 1° par son *ombre* sur le disque de la lune dans les éclipses; 2° par la marche des vaisseaux qui disparaissent d'abord par leur partie inférieure, lorsqu'ils s'éloignent, et se montrent d'abord par leurs mâts, lorsqu'ils s'approchent; 3° par les *voyages des navigateurs*, qui ont fait le tour du monde; 4° par le *nivellement*, l'observation des astres et divers procédés scientifiques.

11. ÉQUATEUR. L'*équateur* est une circonférence que l'on imagine tracée sur la terre à égale distance des deux pôles. Il partage la surface de la terre en deux *hémisphères*, l'un *boréal*, l'autre *austral*; et à tous ses points à égale distance des pôles.

12. MÉRIDIENS. Les *méridiens* sont des circonférences qui passent par les deux pôles de la terre. On en choisit un comme point de départ des autres, et on l'appelle *le premier méridien*. Les autres sont tracés à des distances égales à l'Est et à l'Ouest du 1er.

13. PARALLÈLES. Les *parallèles* sont des circonférences qui coupent les méridiens en sens inverse, c'est-à-dire de l'Est à l'Ouest. On les appelle *parallèles*, parce que tous leurs points sont à égale distance de l'équateur.

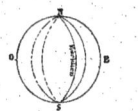 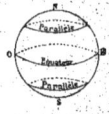

14. LONGITUDE. La *longitude* d'un point, d'une ville par exemple, est la distance en degrés de ce point au 1er méridien. Elle est tracée par les méridiens et marquée en chiffres à leur extrémité.

La longitude est *orientale* ou *occidentale*. Elle est *orientale*, quand le point considéré est à l'orient du 1er méridien; *occidentale* dans le cas contraire. On compte 180 degrés à l'E. et autant à l'O. du 1er méridien, le 180e étant leur limite commune. Il y a donc en tout 360 degrés de longitude.

QUESTIONNAIRE. 1. Qu'est-ce que la géographie? Comment la divise-nous? 2. Qu'est-ce que la géog. *physique*? 3. ... la géog. *politique*? 4. ... la *terre*? ... sa *double rotation*? 5. Quen résulte-t-il? 6. Qu'est-ce que l'*axe* et les *pôles* de la terre? 7. Quels sont les *points cardinaux*? 8. Comment se forme la rose des vents? 9. Quelle est la forme de la terre? 10. Comment reconnaît-on qu'elle est ronde? 11. Qu'est-ce que l'équateur? 12. ... les méridiens? 13. ... les parallèles? 14. ... la longitude, ... orientale ou occidentale?

DEFINITIONS

15. LATITUDE. La *latitude* d'un point de la surface terrestre est la distance en degrés de l'équateur à ce point. Elle est marquée 0° sur l'équateur; 1°, 2°, 3°, etc., sur les parallèles, au nord et au sud de l'équateur.

La latitude est dite *boréale*, quand le point en question est au nord de l'équateur; *australe*, dans le cas contraire.

On compte 90 degrés de latitude boréale et autant de latitude australe; les 90ᵐᵉˢ degrés se confondent avec chacun des deux pôles. Il n'y a donc que 180 degrés de latitude.

L'équinoxe (égalité des nuits) a lieu lorsque le soleil passe au-dessus de l'équateur; le *solstice d'été*, lorsqu'il parvient à 23° 27' 38'' de latitude boréale; le *solstice d'hiver*, lorsqu'il parvient à 23° 27' 38'' de latitude australe. Ces deux positions sont appelées *tropique du Cancer* (au nord) et *tropique du Capricorne* (au sud).

16. PREMIER MÉRIDIEN. Le *1ᵉʳ méridien* est celui à partir duquel on compte les degrés de *longitude*; il est toujours marqué 0°, mais il n'est pas le même chez les différents peuples.

En France, c'est le méridien de Paris. En Angleterre, c'est celui de Greenwich, qui est à 2° 20' à l'ouest de celui de Paris; autrefois, on avait adopté le *méridien de l'île de Fer*, l'une des Canaries, à 20° à l'ouest de celui de Paris.

17. DIVISION DES DEGRÉS. Chaque *degré* de longitude ou de latitude se subdivise en 60 *minutes*; chaque minute en 60 *secondes*, etc. Un même nombre de degrés pris en différents endroits de la terre, ne représente point toujours la même distance.

18. LE MÈTRE. Le *mètre* est la dix-millionième partie du quart du méridien terrestre. Pour l'obtenir, les géomètres ont mesuré des arcs de méridien et en ont déduit la longueur totale d'un méridien. En la divisant en 40 millions de parties, ils ont trouvé le *mètre*, qui est notre mesure de longueur.

En réalité, le *mètre* est un peu moindre que la dix-millionième partie du quart du méridien terrestre.

Les auteurs étrangers à la France employaient d'autres mesures;
Le *mille* des Romains valait 1481ᵐ;
Le *mille anglais* équivaut à 1609ᵐ;
Le *mille marin*, qui correspond à un 60° de degré, 1852ᵐ;
Le *mille géographique*, usité en Allemagne, à 7410ᵐ.
Enfin, les Russes emploient la *verste*, qui vaut 1067ᵐ.

19. TOUR DU MONDE. Le *tour du monde* dans sa plus grande longueur est représenté par l'équateur; il est de 40,000 kil. ou de 10,000 lieues de 4 kil. En effet, l'équateur est à peu près égal à un méridien.

Les méridiens, passant par les pôles, sont un peu plus courts que l'équateur, parce que la terre est aplatie aux pôles et renflée à l'équateur.

20. DEGRÉS CONSÉCUTIFS. Deux *degrés consécutifs* pris soit sur l'équateur, soit sur un méridien, sont éloignés l'un de l'autre d'un 360° de méridien, ou de 111 kil. 111 m. Leur écartement fournit une *échelle*, pour mesurer les distances sur les cartes.

Il n'en est pas de même, lorsqu'ils sont pris sur les parallèles. Car comme les méridiens vont en se rapprochant vers les pôles, les intervalles qu'ils laissent entre eux vont en diminuant. Cet intervalle, qui est de 111 kil. 111 m. à l'équateur, n'est plus que de 78 kil. au 45° degré; de 55 kil. au 60°; il devient nul au pôle.

REPRÉSENTATIONS DE LA TERRE.

21. GLOBES ET CARTES. Les *globes* sont des sphères, sur lesquelles on a représenté les accidents de la terre; les *cartes* sont des surfaces planes, sur lesquelles on a retracé d'une manière analogue la configuration des mers et des terres.

GLOBE TERRESTRE.   Carte de France.

22. MAPPEMONDE ET PLANISPHÈRE. Les *mappemondes* et les *planisphères* sont des cartes qui représentent la surface terrestre dans sa totalité. Les cartes *générales* sont celles qui représentent plusieurs contrées à la fois; les cartes *particulières* n'en représentent qu'une seule.

La surface de la terre étant arrondie, et les cartes étant plates, la représentation en est toujours imparfaite.

23. ORIENTATION DES CARTES. L'*orientation* d'une carte est la manière dont les points cardinaux y sont représentés. Ordinairement, la partie supérieure d'une carte indique le nord du pays qu'y est tracé.

Les degrés de *longitude* sont marqués aux extrémités des méridiens et par suite à la partie supérieure et à la partie inférieure de la carte. Les degrés de *latitude* sont marqués à gauche et à droite, aux extrémités des parallèles.

LES MERS.

24. CONTINENTS ET OCÉANS. On appelle *continents* les immenses étendues de terres entourées par les eaux. On donne le nom d'*océans* aux immenses étendues d'eaux qui séparent les continents les uns des autres. Des lignes tracées sur la carte indiquent les contours des terres et des eaux.

25. MERS. Les *mers* sont de vastes portions d'un océan, limitées par des parties plus ou moins considérables des continents. Ainsi la *mer Méditerranée* est formée par l'Océan Atlantique, qui pénètre entre l'Europe, l'Asie et l'Afrique.

26. ÎLES. Les *îles* sont des terres relativement peu étendues, entourées de tous côtés par les eaux. Par ex. : l'*île de Madagascar*, à l'E. de l'Afrique.

27. ARCHIPELS. Les *archipels* sont des réunions d'îles rapprochées les unes des autres. Par ex. : l'*archipel de la Mère de Dieu*, à l'O. de l'Amérique du Sud.

28. PRESQU'ÎLES. Les *presqu'îles* sont des terres presque entièrement entourées d'eau, excepté d'un côté, où elles se rattachent au continent. Par ex. : la *presqu'île de Crimée*, au sud de la Russie.

29. ISTHMES. Les *isthmes* sont des portions de terre assez resserrées qui rattachent la presqu'île aux continents, ou les continents entre eux. Par ex. : l'*isthme de Pérékop*, qui réunit la Crimée à l'Europe; l'*isthme de Panama*, qui relie les deux Amériques.

30. DÉTROITS. Les *détroits* sont des portions étroites de mers, qui séparent deux terres voisines. Par ex. : le *détroit de Gibraltar* entre l'Afrique et l'Europe; le *détroit du Pas-de-Calais* entre la France et l'Angleterre.

31. CAP. Un *cap* ou *promontoire* est une pointe de terre élevée, qui s'avance dans la mer. Par ex. : le *cap Vert*, à l'ouest de l'Afrique.

32. GOLFE. Un *golfe* est un vaste enfoncement de la mer au milieu des terres; ce n'est qu'une *baie* ou une *anse*, si l'enfoncement est plus resserré. Par ex. : le *golfe de Guinée* en Afrique; le *golfe de Gascogne* en France; la *baie de Gibraltar* en Espagne, l'*anse de Miquelon* (col. fr.).

33. RADE. Une *rade* est une étendue de mer protégée contre les vents violents par les côtes ou les îles qui l'environnent. Par ex. : la *rade de Cherbourg* en France.

34. PORT. Un *port* est un rivage ou une ville où les navires peuvent aborder en sûreté pour charger ou décharger des marchandises. Par ex. : le *port de Cherbourg*.

35. COURANTS. Les *courants* sont des volumes d'eau entraînés sur une direction rapide.

Les *courants de mer* sont des endroits où les eaux de la mer, indépendamment des vents, sont portées d'une manière continue dans une même direction. Par ex. : le *courant du Golfe*, à l'est de l'Amérique du Nord.

36. MARÉES. Les *marées* sont des mouvements périodiques des eaux de la mer. Dans la marée *montante* ou *flux*, les eaux s'élèvent; dans la marée *descendante* ou *reflux*, les eaux s'abaissent. Ce double mouvement, produit par l'attraction de la lune et du soleil, se répète, sur nos côtes, deux fois par jour. Le flux s'appelle aussi *flot*, et le reflux, *jusant*.

LES TERRES.

37. CÔTES. On appelle *côtes* ou *rivages* d'une contrée les portions de cette contrée qui sont baignées par la mer. Quelquefois elles sont sablonneuses et bordées de *dunes*, c'est-à-dire de monticules de sables, que le vent accumule sur le rivage. Par ex. : les *dunes de Dunkerque*.

QUESTIONNAIRE. 15. Qu'est-ce que la *latitude.., australe, boréale*? Combien de degrés de latitude? 16. Qu'est-ce que le *premier méridien*... est-il le même partout? 17. Comment se subdivise chaque degré? 18. Qu'est-ce que le mètre? 19. De quelle longueur est le tour du monde? 20. Quelle distance y a-t-il entre deux *degrés consécutifs*? — 21. Q'appelons-nous *globes* et *cartes*? 22. Qu'entendez-vous par *mappemondes* et *planisphères*? ... *cartes générales* ou *particulières*? 23. Qu'est-ce que l'*orientation* d'une carte? Où sont marqués les degrés de *longitude* et de *latitude*? Qu'appelle-t-on *continents* ou *océans*? 25. ... *mers*? 27. ... *archipels*? 28. ... *presqu'îles*? 29. ... *isthmes*? 30. Qu'est-ce qu'un *détroit*? 31. ... *un cap*? 32. ... *un golfe*? 33. ... *une rade*? 34. ... *un port*? 35. Qu'appel-ez-vous *courants*? 35. ... *marées*? ... *flux* et *reflux*? 37. ... *côtes*?

DÉFINITIONS

38. FALAISES. Les *falaises* sont des rochers ou des terrains élevés qui tombent presque à pic sur le bord de la mer. Par ex. : les *falaises de Normandie*.

39. PLAINE. Une *plaine* est une étendue de terrains peu élevés au-dessus du niveau de la mer. Par ex. : la *plaine de la Metidja* en Algérie.

40. MONTAGNE. On appelle *montagne* une élévation de terre au-dessus des plaines qui l'environnent. Par ex. : l'*Atlas*.

41. COL. Les *cols* sont les endroits où une chaîne de montagnes s'abaisse et permet de passer d'un flanc de la montagne à l'autre. On les appelle quelquefois *pas*, *portes*, *trouées*.

On les appelle *défilés*, lorsqu'ils ne laissent qu'un passage long et étroit entre deux hauteurs ou entre une montagne et une masse d'eau. Ex. : *col de Roncevaux* (Pyrénées) ; *trouée de Belfort*, entre les Vosges et le Jura ; *défilé de Bard* (Alpes) ; *pas de Suze* ; *portes Caucasiennes*, etc.

42. PIC. Un *pic* est une montagne isolée ou une cime de montagne, s'élevant d'une manière abrupte, en forme de cône ou de pain de sucre, au-dessus des terres voisines. Ex. : le *pic de Ténériffe*, aux îles Canaries ; le *pic de Corlitte*, aux Pyrénées.

43. BALLON. Un *ballon*, *puy* ou *dôme*, est une montagne terminée par un sommet arrondi. Par ex. : le *ballon d'Alsace*, le *Puy-de-Dôme*.

44. VOLCAN. Un *volcan* est une montagne qui vomit du sein de la terre, ouvert en cratère, des tourbillons de feu et de fumée, de la lave en fusion et d'autres matières enflammées. Par ex. : le *Vésuve*, en Italie ; l'*Etna*, en Sicile.

La France n'offre pas de volcans en activité; mais nous y trouvons de nombreux volcans éteints, par ex., au Puy-de-Dôme.

45. GEYSER. Un *geyser* est une source intermittente d'eau bouillante qui s'élance dans les airs. L'Islande nous offre des geysers et des volcans ; de nombreux cratères y vomissent des torrents de boue.

46. TREMBLEMENT DE TERRE. Un *tremblement de terre* est une secousse subite du sol, produite par des forces souterraines. Lorsque certaines matières enflammées ou en ébullition font effort pour sortir de l'enveloppe terrestre et ne trouvent point d'issue, elles ébranlent ou brisent le sol, et parfois renversent les villes ou les engloutissent.

47. PLATEAU. Un *plateau* est une étendue de terrain plat ou presque plat, mais assez élevé au-dessus des plaines voisines. Ex. : le *plateau d'Orléans*, au nord de la Loire.

48. ALTITUDE. L'*altitude* d'un lieu est son élévation au-dessus du niveau de la mer. Ainsi l'altitude du Mont-Blanc, qui est le point le plus élevé du sol français, est de 4,810 m.

49. TUNNEL. Un *tunnel* est un souterrain creusé sous une montagne ou un plateau, pour y faire passer une route, un canal, un chemin de fer, etc. Par ex. : le *tunnel du Mont-Cenis*, dans les Alpes.

LES COURS D'EAU

50. LIGNE DE PARTAGE. On appelle *ligne de partage* des eaux la série de montagnes ou de hautes terres qui forcent les eaux à couler dans différentes mers et divisent la surface terrestre en versants et en bassins.

51. VERSANT. Un *versant* est une étendue de terrains, qui vont en s'inclinant du sommet d'une ou de plusieurs chaînes de montagnes vers les côtes de la mer. Par ex. : le *versant de la Baltique*.

52. BASSIN. Un *bassin* est la partie d'un versant dans laquelle les terrains s'abaissent à l'intérieur vers le lit d'un cours d'eau qui en forme la partie la plus basse. Par ex. : le *bassin de la Seine*.

53. CEINTURE. La *ceinture* d'un bassin est la suite des montagnes ou des hauteurs qui en forment la limite.

54. VALLÉE. Une *vallée* est la portion d'un bassin, qui est limitée de part et d'autre par des hauteurs. Par ex. : *vallée de l'Allier*, de l'*Yonne*.

55. FLEUVES. Les *fleuves* sont des cours d'eau considérables, qui se jettent à la mer et peuvent être remontés à une distance notable par des bâtiments à voile ou à vapeur. Par ex. : la *Loire*.

56. RIVIÈRES. Les *rivières* sont des cours d'eau parfois considérables, qui se jettent dans un fleuve, ou de faibles cours d'eau navigables, qui se jettent directement à la mer. Par ex. : la *Marne*, la *Somme*.

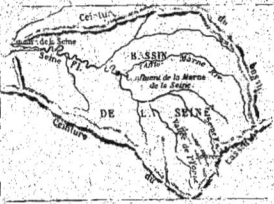

57. AFFLUENT. Un *affluent* d'un fleuve est une rivière qui se jette dans ce fleuve. Ainsi la Marne est un affluent de la Seine.

58. CONFLUENT. Le *confluent* est le lieu où deux cours d'eau se réunissent. Ainsi Lyon est au confluent du Rhône et de la Saône ; Charenton, au confluent de la Marne et de la Seine.

Quelquefois les deux rivières laissent entre elles une pointe de terre, qui porte le nom de *Bec*; par ex. : le *Bec d'Ambes*, entre la Garonne et la Dordogne.

59. ESTUAIRE. L'*estuaire* d'un fleuve est une sorte de baie que ce fleuve forme en se jetant dans la mer. Par ex. : l'*estuaire de la Seine*.

60 THALWEG. Le *thalweg* d'un fleuve est la ligne formée par les points les plus bas du lit de ce fleuve.

61. RIVE D'UN FLEUVE. La *rive droite* d'un fleuve est celle que l'on a à sa droite, lorsqu'on descend le cours du fleuve, en regardant son embouchure. La rive opposée est la *rive gauche*.

62. TORRENT. Un *torrent* est une rivière qui coule avec impétuosité sur un terrain très incliné. Les torrents, grossis par les pluies ou la fonte des neiges, causent souvent de grands dégâts sur leurs rives.

63. SOURCE. La *source* d'un cours d'eau est le lieu où il prend son origine. Les cours d'eau sont produits par les pluies ; ou par les neiges qui, en se fondant, versent leurs eaux sur les flancs des montagnes ; ou par les dépôts souterrains d'eaux pluviales, qui, arrivant à un niveau supérieur à celui de la plaine, s'échappent de la terre, quelquefois en bouillonnant avec force.

Ainsi la Seine a sa source à 471 m. de hauteur, la Loire à 1430 m., le Rhône à 1734 m., et la Garonne à 1873 m.

64. LAC. Un *lac* est une vaste étendue d'eau retenue au milieu des terres. Certains terrains, étant imperméables à l'eau, forment un lac, lorsqu'étant au-dessous, des terres voisines, ils retiennent les eaux des pluies. Les lacs sont souvent formés par un fleuve ou une rivière, qui les traverse. Par ex. : le *lac de Genève*, formé par le Rhône.

65. ÉTANG. Un *étang* est une moindre étendue d'eau retenue au milieu des terres. Si l'eau ne fait que couvrir ou imbiber des terrains bourbeux, c'est un *marais*. Par ex. : l'*étang de Berre*, près de Marseille ; les *marais de la Somme*, en Picardie.

66 DIGUE. Une *digue* est un rempart élevé pour contenir les eaux d'un fleuve ou de la mer.

67. CANAL. Un *canal* est un cours d'eau artificiel, muni d'écluses, qui retiennent les eaux à des niveaux différents, permettent aux bateaux de monter ou de descendre des côtes, et les font ainsi passer d'un fleuve à un autre, à travers des montagnes.

68. AQUEDUC, VIADUC. Un *aqueduc* est un pont en arcades construit au-dessus d'une vallée pour le passage d'un canal. Un *viaduc* est un pont analogue pour le passage d'une route, d'un chemin de fer.

QUESTIONNAIRE. 38. Qu'appelez-vous falaises? 39... plaine? 40... montagne? 41... cols, pas, défilés? 42. Qu'est ce qu'un pic? 43... un ballon? 44... un volcan? 45... un geyser? 45... un tremblement de terre? 47... Qu'est-ce qu'un plateau? 48. Qu'est-ce que l'altitude d'un lieu? 49. Qu'est-ce qu'un tunnel? 50 Qu'appelez-vous ligne de partage des eaux? 51... versant? 52... bassin? 53... vallée? 54... vallée? 55... fleuves? 56... rivières? 57... affluent? 58... confluent? 59... estuaire? 60. Qu'est-ce que le thalweg d'un fleuve? 61... la droite et la rive gauche? 62... un torrent? 63... d'un fleuve? 64... lac? 65... étang? 66... d'un fleuve? 67... canal? 68... aqueduc,... et viaduc?

PALESTINE ANCIENNE

PALESTINE

PALESTINE ANCIENNE.

1. BORNES. La *Palestine ancienne* était bornée: à l'O., par la *mer Méditerranée;* au N., par la *Phénicie* et le *Léontès,* le *Liban* et la partie de l'*Anti-Liban* où le Jourdain prend sa source; à l'E., par les *déserts* de Syrie et d'Arabie; au S., par l'*Arabie Pétrée* et l'*Égypte*.

GÉOGRAPHIE PHYSIQUE.

2. MONTAGNES. La Palestine est traversée du nord au sud par *deux chaînes de collines,* qui sont le prolongement de l'Anti-Liban.

La chaîne *occidentale* sépare les eaux du bassin de la mer Morte des eaux qui coulent dans la Méditerranée. Elle projette à l'E. les monts *Gelboé* (mont *Thabor*); à l'O. le mont *Carmel,* les monts *Garizim,* les monts d'*Ephraïm* et les monts de *Judée*.

La chaîne *orientale* offre le mont *Hermon,* les monts de *Galaad* et les monts *Abarim*.

3. COURS D'EAU. La *Méditerranée* ne reçoit de la Palestine que des cours d'eau sans importance. A l'intérieur coule le *Jourdain,* qui descend de l'Anti-Liban, forme *deux lacs,* le 1er dit *Eaux de Mérom,* et le *lac de Génésareth* ou mer de Galilée. Il se déverse ensuite dans le *lac Asphaltite,* ou *mer Morte*.

4. MER MORTE. La *mer Morte* est un vaste réservoir d'eaux salées, bitumineuses et cependant très limpides, de 400 kil. de long sur 25 kil. de large. Le niveau de cette mer est à 435 m. au-dessous de la mer Méditerranée; c'est la plus grande dépression que l'on connaisse sur la terre. Les poissons ne peuvent vivre dans les eaux de ce lac. C'est sur ses bords que furent englouties, du temps d'Abraham, les *villes maudites,* entre autres *Sodome* et *Gomorrhe*.

5. VILLES PRINCIPALES. La capitale de la Palestine était *Jérusalem,* la ville sainte, bâtie sur les sommets Moria, Sion, Acra et Bézétha, la ville la plus peuplée et la plus forte de la Palestine; elle tire sa plus grande célébrité de la vie et de la mort de Notre-Seigneur.

Les autres villes signalées par la vie de N.-S. et la prédication de l'Évangile, sont: *Bethléem,* où il est né; *Nazareth,* où il a vécu jusqu'à l'âge de trente ans; *Cana, Capharnaüm,* où il a opéré des miracles; *Bethsaïde,* patrie de saint Pierre, et *Tibériade,* sur le lac de Génésareth.

6. AUTRES VILLES: *Samarie, Jéricho, Gaza, Béthulie, Ptolémaïs, Césarée* et *Joppé* tirent leur célébrité de l'histoire des Juifs.

Samarie était la capitale du royaume d'*Israël; Jéricho* fut prise par Josué; *Gaza* rappelle Samson; *Béthulie,* Judith; les suivantes étaient les ports les plus fréquentés de la côte. C'est à Joppé que Jonas s'embarqua.

GÉOGRAPHIE HISTORIQUE.

7. PARADIS TERRESTRE. L'emplacement du paradis terrestre n'est point connu d'une manière certaine. On croit qu'il était situé en Arménie, où l'on trouve le mont *Ararat.* C'est là que l'arche s'arrêta, après l'écoulement des eaux du déluge.

8. FORMATION DES PEUPLES. Les *descendants de Sem* peuplèrent surtout l'Asie occidentale; ceux de *Cham,* l'Afrique; ceux de *Japhet,* l'Europe et l'Inde; Nemrod, petit-fils de Cham, fonda *Babylone,* et Assur, 2e fils de Sem, fonda *Ninive.* On croit avoir retrouvé à Babylone les ruines de la *Tour de Babel*.

9. ORIGINE DES HÉBREUX. *Abraham,* 9e descendant de Sem, avait, avec son père Tharé, quitté *Ur,* ville de la Chaldée en Babylonie, pour s'établir à *Harran* ou *Charres,* en Mésopotamie. Sur l'appel de Dieu, Abraham quitta Harran et *vint en Palestine,* où vivaient les *Chananéens,* descendants de Cham. La postérité d'Abraham a formé le peuple *hébreu,* qui a reçu ce nom d'un ancêtre d'Abraham.

10. MIGRATION EN ÉGYPTE. *Jacob,* petit-fils d'Abraham, à l'appel de Joseph, *passa en Égypte* avec les Hébreux (70 personnes). Deux siècles plus tard, Moïse, par ordre de Dieu, les fit sortir d'Égypte, et Josué, franchissant le Jourdain, envahit, les armes à la main, la Palestine, ainsi appelée des Philistins.

11. LA CONQUÊTE. *Josué* prit Jéricho, soumit les Jébuséens et les autres peuples chananéens, et, après six ans de combat, *fit le partage du pays à Silo.* Il le divisa en douze tribus, selon le nombre des fils de Jacob; les *tribus d'Ephraïm* et de *Manassé* tinrent lieu des tribus de Joseph et de Lévi; mais comme la *tribu de Manassé* eut *deux lots séparés,* il en résulta 43 divisions géographiques.

12. TRIBUS. Les tribus étaient:

Trois à l'est.
1. *Ruben,* v. p. Hésebon (mort de Moïse).
2. *Gad,* v. p. Ramoth-Galaad.
3. *Manassé oriental,* v. p. Bethsaïde.

Deux au nord.
1. *Nephtali,* v. p. Césarée de Philippe, Capharnaüm.
2. *Aser,* v. p. Ptolémaïs.

Six à l'ouest.
1. *Zabulon,* v. p. Nazareth, Cana, Béthulie.
2. *Issachar,* v. p. Jezraël.
3. *Manassé occidental,* v. p. Césarée, Mageddo.
4. *Éphraïm,* v. p. Sichem, Samarie. Silo.
5. *Dan,* v. p. Joppé, Emmaüs, Modin.
6. *Benjamin,* v. p. Jérusalem, Jéricho.

Deux au sud.
1. *Juda,* v. p. Hébron, Bethléem.
2. *Siméon,* v. p. Bersabée, Hormah.

13. PEUPLES VOISINS, etc. Sur les frontières, on voyait les *Philistins* au sud-ouest; les *Phéniciens* et les *Syriens* au nord; les *Ammonites,* les *Amorrhéens,* les *Moabites* au sud-est; les *Madianites,* les *Iduméens* et les *Amalécites* au sud.

14. APOGÉE. *David* (1055-1015) et *Salomon* (1015-975) étendirent leur autorité jusqu'à l'Euphrate. David fonda *Jérusalem;* Salomon y bâtit le Temple de Dieu, et fonda dans le désert *Palmyre,* la ville des palmiers; mais à sa mort, la Palestine rentra dans ses limites.

Jérusalem fut d'abord appelée Jébus; David l'agrandit en réunissant *Sion* au mont *Moria;* plus tard, elle s'accrut de *Bézétha,* quartier neuf où Hérode bâtit la forteresse *Antonia*.

15. JUDA ET ISRAEL. Le *schisme des dix tribus* amena la formation de *deux royaumes* (976):

1° Le royaume d'*Israël,* qui comprendit les dix tribus du nord; sa capitale fut d'abord Sichem, puis Samarie; il fut ruiné par Salmanazar, après avoir duré 255 ans (721 ou 748).

2° Le royaume de *Juda,* qui comprendit les tribus de Juda et de Benjamin, avec Jérusalem pour capitale; il fut ruiné par Nabuchodonosor, qui s'empara de Jérusalem (vers 606), en punit les révoltes et la détruisit (vers 587). Le royaume de Juda avait duré 389 ans.

16. LA DÉPENDANCE. La Palestine devint alors *dépendance* des vastes empires des Perses (606-333) et des Grecs (333-167). La *persécution d'Antiochus-Épiphane* amena la révolte des Juifs à Modin (167). Conduits par les *Machabées,* après 24 ans de lutte (167-143), les Juifs firent reconnaître leur indépendance par Démétrius Nicator, et donnèrent la couronne aux descendants des Machabées (135-39).

17. LES 4 PROVINCES. La Palestine, après la captivité, s'appela la *Judée* et fut divisée en quatre provinces, à savoir:

1° La *Judée* prop. dite, cap. Jérusalem, au sud;
2° La *Samarie,* cap. Samarie, au centre;
3° La *Galilée,* cap. Diocésarée, au nord-ouest;
4° La *Pérée,* cap. Pella, à l'est du Jourdain.

La *Judée* comprenait les tribus de Dan, Siméon, Juda et Benjamin; la *Samarie,* celles d'Ephraïm, de Manassé occ. et d'Issachar; la *Galilée,* celles de Zabulon, d'Aser et de Nephtali; la *Pérée,* celles de Ruben, Gad et Manassé oriental.

18. LES 4 TÉTRARCHIES. *Hérode,* l'Ascalonite, ayant dépouillé les descendants des Machabées et conquis la Phénicie, l'Iturée, la Trachonite et l'Abylène, divisa sa Judée en quatre tétrarchies:

La 1re comprenait la Judée et la Samarie.
La 2e ... » .. la Galilée et le sud de la Pérée.
La 3e. ... » ... le nord de la Pérée et l'Iturée.
La 4e. ... » .. l'Abylène.

Ces tétrarchies échurent en partage: 1° à *Archélaüs;* 2° à *Hérode-Antipas,* le meurtrier de saint Jean-Baptiste; 3° à *Hérode-Philippe;* 4° à *Lysanias*.

19. RÉDUCTION EN PROVINCE ROMAINE. L'an 6 de l'ère chrétienne, les Romains confisquèrent la *tétrarchie d'Archélaüs* et la réunirent à la *province de Syrie,* sous l'administration d'un procurateur. C'est sous l'administration de Ponce-Pilate, le 5e procurateur (25-36 ap. J.-C.), que Notre-Seigneur subit, pour nous sauver, le supplice de la croix.

20. RUINE DE JÉRUSALEM. Jérusalem fut prise et ruinée par Titus, l'an 70. Environ 40 ans après la mort de Notre-Seigneur, les Juifs, révoltés, subirent les horreurs du siège qu'il avait prédit. Titus s'empara de la ville; malgré ses ordres, le temple fut la proie des flammes; 1,100,000 hommes y avaient péri et 97,000 y furent faits prisonniers (70 ap. J.-C.).

Julius Severus, en 130, sous l'empereur *Adrien,* acheva de détruire la ville déicidée et en changea le nom en celui d'*Ælia Capitolina.* Elle ne reprit son nom que sous Constantin. *Julien* l'apostat voulut relever le temple pour donner un démenti aux prophéties; mais les flammes sortant du sol l'en empêchèrent (360).

QUESTIONNAIRE. 1. Indiquez les bornes de la Palestine ancienne; 2. ... ses montagnes; 3. ... ses cours d'eau et ses lacs. 4. Décrivez la mer Morte. 5. Citez la capitale et les villes signalées dans la vie de Notre-Seigneur; 6. ... les autres villes.

7. Quelques mots sur le paradis terrestre; 8. ... sur la formation des peuples; 9. ... sur l'origine des Hébreux; 10. ... sur leur migration en Égypte; 11. ... sur la conquête de la Palestine; 12. ... sur la division en tribus; 13. ... sur les peuples voisins; 14. ... sur l'apogée du royaume.

15. Parlez des royaumes de Juda et d'Israël; 16. ... de la période de dépendance et de leurs délivrances; 17. ... de la division en quatre provinces; 18. ... en quatre tétrarchies; 19. ... de la réduction en province romaine; 20. ... de la ruine de Jérusalem.

FRANCE

FRANCE PHYSIQUE ET POLITIQUE.

1. BORNES. La France est comprise entre l'Océan Atlantique à l'O.; la Manche, le détroit du Pas-de-Calais et la mer du Nord au N.-O.; la Belgique, le Luxembourg et l'Allemagne au N.-E.; la Suisse et l'Italie à l'E.; la Méditerranée et l'Espagne au S.

Elle présente par conséquent la forme d'un hexagone, c'est-à-dire d'une figure entourée de six côtés.

NOTIONS PHYSIQUES.

2. GOLFES. On trouve sur les côtes de France, le golfe de *Gascogne*, formé par l'Oc. Atlantique; les golfes de *St-Malo* et du *Calvados*, formés par la Manche; le golfe du *Lion*, formé par la Méditerranée.

Le littoral de la mer décrit au sud de la France une S renversée.

3. ILES. A part la Corse, la France ne possède sur son littoral que de petites îles : telles sont les îles d'*Oleron*, de *Ré*, d'*Yeu*, de *Noirmoutiers*, *Belle-Ile* et *Ouessant*, dans l'Océan Atlantique; les îles d'*Hyères* et de *Lérins*, dans la Méditerranée.

4. PRESQU'ILES ET CAPS. La France offre à l'O. la *presqu'île de Bretagne*, terminée par le ras de Sein et la pointe St-Matthieu au N.-O., la *presqu'île du Cotentin* terminée par le *cap de la Hague*; plus à l'E., le *cap de la Hève* et le *cap Grinez*; au S., le *cap Cerbera*, le *cap Couronne* et le *cap de St-Tropez*.

5. LIGNE DE PARTAGE DES EAUX. La France est divisée en deux versants par la *ligne de partage des eaux*. Cette ligne comprend les Pyrénées, les Corbières occidentales, les Cévennes méridionales et septentrionales, la Côte-d'Or, le plateau de Langres, les monts Faucilles, les Vosges et le Jura.

6. BASSINS DE LA FRANCE. Le versant du N.-O. comprend les trois bassins de la Seine, de la Loire et de la Garonne; le versant du S.-E. forme le bassin du Rhône. Le premier déverse ses eaux dans l'Océan Atlantique; le second, dans la mer Méditerranée.

7. CONTREFORTS ENTRE LES BASSINS. Au N.-E. de la Seine, on trouve les collines de l'Artois, les Ardennes et l'Argonne occidentale; au S.-O., les monts du Morvan, du Nivernais, le plateau d'Orléans, les collines du Perche, de Normandie et de Bretagne.

8. Entre la Loire et la Garonne, on trouve les monts de la Margeride, d'Auvergne, du Limousin, du Poitou, et le plateau de Gatine.

9. A l'E. du Rhône, au delà du Jura, on trouve les Alpes Bernoises, les Alpes Pennines, les Alpes Grées, les Alpes Cottiennes et les Alpes Maritimes. Le mont Blanc (4,810ᵐ) est le point culminant des Alpes.

10. FLEUVES. La *Moselle* passe à Épinal, sort de France entre Nancy et Metz, et se jette dans le Rhin. La *Meuse* passe à Verdun, à Sedan et à Mézières, et continue ensuite en Belgique. L'*Escaut* passe à Cambrai et entre en Belgique, près de Tournai.

11. LA SEINE. Le bassin de la Seine comprend la *Somme* au N., la *Seine* au centre, l'*Orne* à l'O.

La *Somme* baigne Amiens. La *Seine* baigne Troyes, Paris, Rouen, le Havre; elle reçoit la *Marne*, qui passe à Chaumont et à Châlons; l'*Yonne*, qui passe à Auxerre, et l'*Eure*, qui passe à Chartres. L'*Orne* arrose Caen.

12. LA LOIRE. La *Loire* passe entre Le Puy et St-Étienne, à Nevers, à Orléans, à Blois, à Tours, à Nantes et à St-Nazaire. Elle reçoit à droite la *Maine*, qui passe à Angers. La Maine reçoit à Mayenne, qui passe à Laval, et la *Sarthe*, qui passe à Alençon et au Mans. La Loire reçoit à gauche l'*Allier*, qui baigne Moulins; l'*Indre*, qui baigne Châteauroux; la *Vienne*, qui arrose Limoges.

La Loire est le plus large et le plus long des fleuves de la France; mais elle est encombrée de bancs de sable dangereux, et elle inonde quelquefois ses rives.

13. LA GIRONDE. Ce bassin comprend la *Sèvre Niortaise*, qui passe à Niort; la *Charente*, qui arrose Angoulême et Rochefort; la *Garonne*, qui passe à Toulouse, à Agen et à Bordeaux.

La Garonne reçoit à droite le *Tarn*, qui baigne Albi et Montauban; le *Lot*, qui baigne Mende et Cahors; la *Dordogne*, qui reçoit l'Isle, riv. de Périgueux, et par sa réunion avec la Garonne, forme la *Gironde*. La Garonne reçoit à gauche le *Gers*, qui passe à Auch.

Plus au sud, la *Leyre* se jette dans le bassin d'Arcachon; l'*Adour* arrose Tarbes et Bayonne.

14. LE RHONE. Au bassin du Rhône appartiennent l'*Aude*, qui passe à Carcassonne; le *Rhône*, qui traverse le lac et la ville de Genève en Suisse, puis Lyon, 2ᵉ ville de France, Valence, Avignon et Arles. Le Rhône reçoit à droite la *Saône*, qui passe à Mâcon, et à gauche l'*Isère*, qui passe à Grenoble.

Le Rhône est le fleuve le plus rapide de la France, ce qui rend difficile la navigation. Il a déposé à son embouchure beaucoup de sables, qui ont formé un delta, c'est-à-dire plusieurs bouches séparées par des îles.

NOTIONS POLITIQUES.

15. GOUVERNEMENT. La France a formé une monarchie durant quatorze siècles (420-1792). Deux fois, elle s'est constituée en empire (1804-1815 et 1852-1870). Aujourd'hui, pour la 3ᵉ fois, elle est devenue une République (1791-1804, 1848 1852 et 1871). Elle est administrée par un Président et deux Chambres, qui siègent à Paris, centre du gouvernement et capitale de la France. Cette ville compte 2,344,550 habitants.

Avant 1790, la France était divisée en 40 gouvernements et 35 provinces; depuis 1790, elle est divisée en départements.

16. DÉPARTEMENTS. La France est divisée en 86 départements et un territoire.

22 dép. au N. *(Bassin de la Seine et frontière N.-E.)*

1. Pas-de-Calais	Arras
2. Nord	Lille
3. Ardennes	Mézières
4. Meuse	Bar-le-Duc
5. Meurt.-et-M.	Nancy
6. Vosges	Épinal
7. Aube	Troyes
8. Seine-et-M.	Melun
9. Seine	Paris
10. Seine-et-Oise	Versailles
11. Eure	Évreux
12. Seine-Infér.	Rouen
13. Haute-Marne	Chaumont
14. Marne	Châlons
15. Aisne	Laon
16. Oise	Beauvais
17. Somme	Amiens
18. Aube	Auxerre
19. Eure-et-Loir	Chartres
20. Calvados	Caen
21. Manche	Saint-Lô
22. Côtes-du-N.	St-Brieuc

17. 21 dép. au N.-O. *(Bassin de la Loire.)*

23. Haute-Loire	Le Puy
24. Loire	St-Étienne
25. Nièvre	Nevers
26. Loiret	Orléans
27. Loir-et-Cher	Blois
28. Ind.-et-Loire	Tours
29. Maine-et-L.	Angers
30. Loire-Infér.	Nantes
31. Orne	Alençon
32. Sarthe	Le Mans
33. Mayenne	Laval
34. Ille-et-Vilaine	Rennes
35. Morbihan	Vannes
36. Finistère	Quimper
37. Puy-de-Dôme	Clermont
38. Allier	Moulins
39. Cher	Bourges
40. Indre	Châteauroux
41. Creuse	Guéret
42. Haute-Vienne	Limoges
43. Vienne	Poitiers

18. 20 dép. dans le *bassin de la Garonne*.

44. Hte-Garonne	Toulouse
45. Tarn-et-Gar.	Montauban
46. Lot-et-Gar.	Agen
47. Gironde	Bordeaux
48. Saône-et-L.	Foix
49. Tarn	Albi
50. Aveyron	Rodez
51. Lozère	Mende
52. Lot	Cahors
53. Cantal	Aurillac
54. Corrèze	Tulle
55. Dordogne	Périgueux
56. Lot-et-Gar.	Angoulême
57. Charente-Inf.	La Rochelle
58. Deux-Sèvres	Niort
59. Vendée	Roches-s.-Yon
60. Gers	Auch
61. Htes-Pyrénées	Tarbes
62. Landes	Mt-de-Marsan
63. Basses-Pyrén.	Pau

19. 23 dép. et 1 territoire dans le *bassin du Rhône*.

64. Côte-d'Or	Dijon
65. Haute-Saône	Vesoul
66. Doubs	Besançon
67. Jura	Lons-le-Saul.
68. Saône-et-L.	Mâcon
69. Ain	Bourg
70. Rhône	Lyon
71. Ardèche	Privas
72. Gard	Nîmes
73. Hérault	Montpellier
74. Aude	Carcassonne
75. Pyr.-Orient.	Perpignan
76. Haute-Savoie	Annecy
77. Savoie	Chambéry
78. Isère	Grenoble
79. Drôme	Valence
80. Vaucluse	Avignon
81. Bouches-du-R.	Marseille
82. Var	Draguignan
83. Alpes-Marit.	Nice
84. Basses-Alpes	Digne
85. Htes-Alpes	Gap
86. Corse	Ajaccio
87. Territoire de Belfort.

20. POPULATION. La France est peuplée de 38,218,903 h., répartis sur 528,401 kil. c. La très grande majorité parle la langue française et professe la religion catholique.

Sur quelques points du territoire, on trouve des langues différentes : le *flamand* au Nord, le *breton* à l'Ouest, le *basque* au Sud-Ouest, le *provençal* dans le Midi, l'*italien* en Corse.

La France possède en *Algérie* une belle colonie où l'on parle l'*arabe*.

21. INDUSTRIE. Le sol de la France est fertile en céréales, fruits, vins, bestiaux. Les plaines du Nord sont excellentes pour l'*agriculture*; les coteaux du Midi, pour la vigne. L'*industrie* exploite les mines de fer et de charbon, transforme le lin, le coton, la laine et la soie en tissus, façonne les métaux et les autres matières premières en articles de commerce. Les *routes*, les *canaux* et les *chemins de fer* facilitent les transports.

Ainsi le canal du Midi fait communiquer la Garonne avec le Rhône et la Méditerranée. Le chemin de fer emporte rapidement les marchandises de Paris à Marseille, au Havre, à Bordeaux, etc.

22. VILLES. Les principales villes de France sont : *Paris*, où sont concentrés les chemins de fer; *Lyon* (377,000 h.), célèbre par ses soieries; *Marseille* (360,000 h.), 1ᵉʳ port de commerce en France; *Bordeaux* (221,000 h.), centre d'excellents vignobles; *Lille* (178,000 h.), ville industrielle; *Toulouse* (140,000 h.), fonderie de canons; *Nantes* (123,000 h.), port de commerce à 48 kil. de la mer; *St-Étienne* (124,000 h.), principale manufacture d'armes en France; *Rouen* (106,000 h.), célèbre par la fabrication des cotonnades, appelées *Rouenneries*; *Le Havre* (106,000 h.), 2ᵉ port de commerce; *Toulon*, *Brest* et *Cherbourg*, ports militaires, etc.

QUESTIONNAIRE. 1. Indiquez les bornes de la France; 2. ... les golfes; 3. ... les îles; 4. ... les presqu'îles et les caps; 5. ... la ligne de partage des eaux; 6. ... les bassins; 7. ... les contreforts autour de la Seine; 8. ... entre Loire et Garonne; 9. ... à l'E. du Rhône. 10. Donnez le cours des fleuves du bassin partiels du Nord; 11. ... de la Seine.
12. Donnez le cours du fleuve de la Loire; 13. ... de celui de la Gironde; 14. ... de celui du Rhône. 15. Quel est le gouvernement de la France? 16. Indiquez les départements du bassin de la Seine; 17. ... ceux du bassin de la Loire. 18. Indiquez les départements du bassin de la Garonne; 19. ... ceux du bassin du Rhône. 20. Quelques mots sur la population de la France; 21. ... sur l'industrie; 22. ... sur les principales villes.

FRANCE PHYSIQUE ET POLITIQUE.

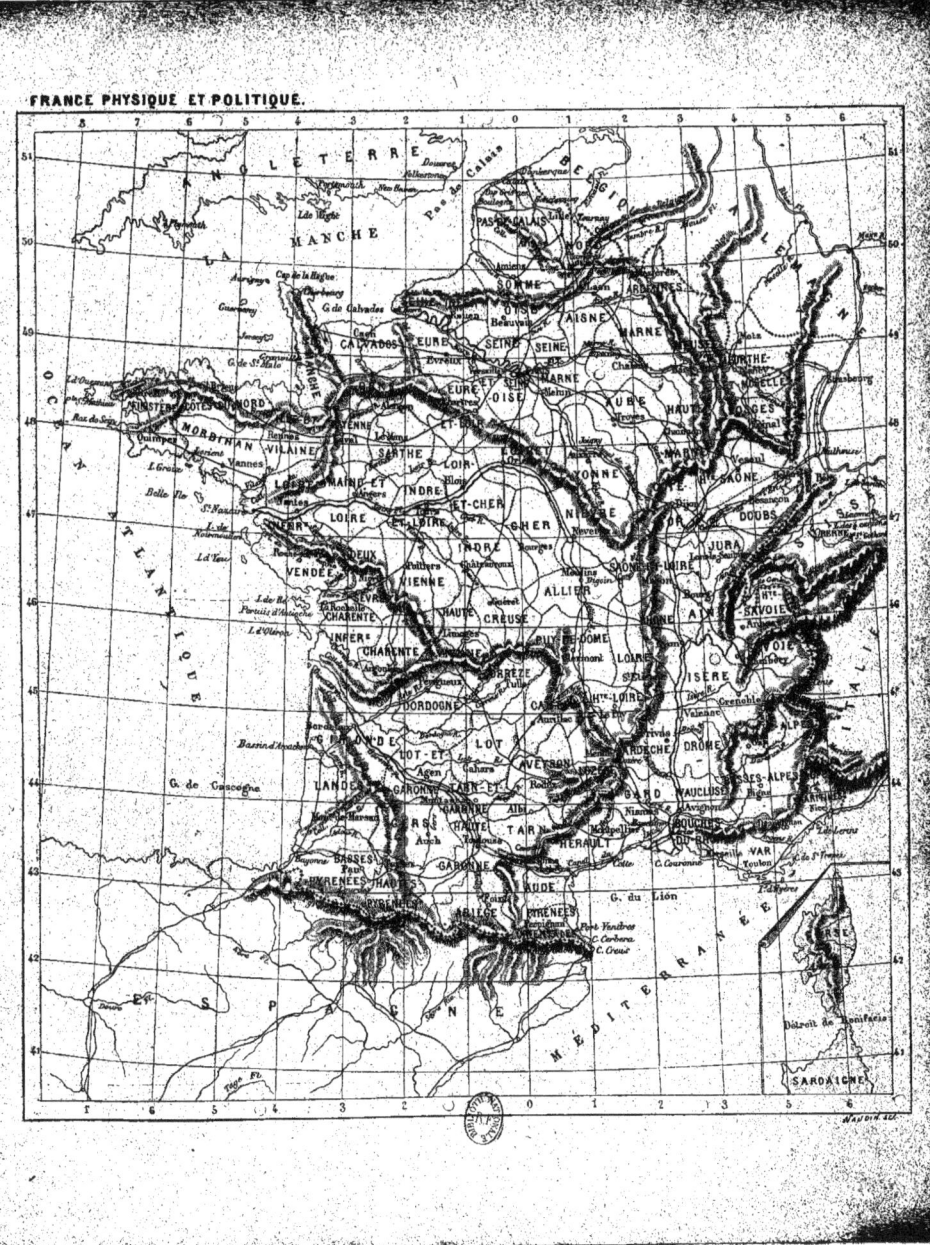

CARTE GÉNÉRALE DU GLOBE

MAPPEMONDE ET PLANISPHÈRE

1. MAPPEMONDE. La *mappemonde* est une représentation de toute la surface terrestre, sous la forme de deux hémisphères.

2. PLANISPHÈRE. Le *planisphère* représente aussi toute la surface terrestre, mais en la développant sur une surface plane.

La mappemonde et le planisphère permettent d'étudier l'ensemble de la surface terrestre et la position relative des continents et des mers.

3. TERRES ET EAUX. Les *eaux* occupent les trois quarts de la surface terrestre; les *terres*, l'autre quart.

Eaux . . . : 374,000,000 de kil. carrés.
Terres . . . : 130,000,000 —

Surface terrestre : 510,000,000 de kil. carrés.

4. RÉPARTITION DES TERRES. Les *terres* qui n'occupent que 136,000,000 de kil. carrés, comprennent l'*ancien* et le *nouveau continent*, et l'ensemble des *îles* qui s'y rattachent ou qui forment l'*Océanie*.

5. LES CINQ PARTIES DU MONDE. Trois parties du monde se trouvent dans l'ancien continent : l'*Europe*, l'*Asie* et l'*Afrique*. Le nouveau continent forme l'*Amérique*, la 4ᵉ partie du monde; les îles forment la 5ᵉ, l'*Océanie*.

6. ÉTENDUE ET POPULATION :

	Étendue.	Population.
Europe .	10,000,000 kil. c.	344,000,000 hab.
Asie . .	45,000,000 . . .	802,000,000 »
Afrique.	29,000,000 . . .	210,000,000 »
Amérique	44,000,000 . . .	127,000,000 »
Océanie .	11,000,000 . . .	40,000,000 »
Total .	136,000,000 kil. c.	1,520,000,000 hab.

SITUATION RESPECTIVE DES CINQ PARTIES DU MONDE.

7. EUROPE. L'*Europe* est située au N.-O. de l'ancien continent, où elle confine à l'Asie par les deux chaînes des monts Ourals et du Caucase. Elle est peut-être la moins étendue de toutes les parties du monde; mais elle n'en est pas moins la plus civilisée et la plus influente sur les destinées des peuples.

8. ASIE. L'*Asie* est située au N.-E. de l'ancien continent. Elle est la plus vaste des cinq parties du monde; elle a été la première habitée, et elle reste la plus peuplée, surtout au S.-E. Parvenue à un certain degré de civilisation, elle semble y rester stationnaire.

9. AFRIQUE. L'*Afrique* est située au S.-O. de l'ancien continent, auquel elle se rattache par l'isthme de Suez. Encore peu connue sur son littoral, elle est tout à fait inexplorée dans certaines portions centrales, où l'on cherche à pénétrer.

De nombreux explorateurs, *Barth*, *Speke*, *Livingstone*, *Stanley* et *de Brazza* ont rendu leurs noms célèbres par leurs voyages en Afrique.

10. AMÉRIQUE. L'*Amérique* est formée de deux presqu'îles réunies par l'isthme de Panama. Elle fut découverte, en 1492, par Christophe Colomb.

11. OCÉANIE. L'*Océanie* s'étend au S.-E. de l'Asie. Elle comprend l'Australie, à laquelle on donne parfois le nom de continent austral, et une multitude d'îles disséminées dans le Grand Océan.

OCÉANS.

12. LES CINQ GRANDS OCÉANS. Les eaux forment cinq *grands Océans*, qui sont : l'Océan Glacial Arctique, l'Océan Atlantique, l'Océan Pacifique ou Grand Océan, l'Océan Indien et l'Océan Glacial Antarctique.

13. OCÉAN GLACIAL ARCTIQUE. L'*Océan Glacial Arctique* s'étend depuis le pôle nord jusqu'aux côtes septentrionales de l'Europe, de l'Asie et de l'Amérique. Le cercle polaire arctique le sépare de l'Océan Atlantique et de l'Océan Pacifique. Il est toujours couvert de glaces dans le voisinage du pôle. — *Étendue :* 15,292,444 k. c.

14. OCÉAN ATLANTIQUE. L'*Océan Atlantique* sépare l'Europe et l'Afrique de l'Amérique. Il communique avec l'Océan Glacial Arctique par la mer de Baffin et le détroit de Lancastre; avec l'Océan Pacifique par le détroit de Magellan et le *canal de Panama*. — *Étendue :* 79,721,274 k. c.

15. OCÉAN PACIFIQUE. L'*Océan Pacifique* ou *Grand Océan* sépare l'Asie et l'Océanie de l'Amérique. Il communique avec l'Océan Glacial Arctique par le détroit de Behring, avec l'Océan Indien par les détroits de Malacca, de la Sonde, de Torrès et de Bass. — *Étendue :* 161,125,673 k. c.

16. OCÉAN INDIEN. L'*Océan Indien* est compris entre l'Afrique, l'Asie et l'Océanie. Au S., ses eaux s'unissent à celles de l'Océan Atlantique, de l'Océan Glacial Antarctique et de l'Océan Pacifique; au N.-O., il communique avec l'Océan Atlantique par la mer Rouge, le canal de Suez, la mer Méditerranée et le détroit de Gibraltar. — *Étendue :* 73,325,372 k. c.

17. OCÉAN GLACIAL ANTARCTIQUE. L'*Océan Glacial Antarctique* s'étend du cercle polaire antarctique aux terres australes ou au pôle antarctique. Cet Océan, toujours fermé par des barrières de glaces, est le plus éloigné des parties habitables du globe et, par suite, le moins fréquenté. — *Étendue :* 20,477,800 k. c.

ZONES.

18. LES CINQ ZONES. La terre est divisée en cinq zones : une torride, deux tempérées et deux glaciales.

La *zone torride* est la portion de la surface terrestre, sur laquelle les rayons solaires tombent perpendiculairement. Elle va du tropique du Cancer au tropique du Capricorne, 23° 27' 38'' au nord et au sud de l'équateur.

Les *zones tempérées* sont celles que les rayons solaires éclairent toujours, mais jamais perpendiculairement. Celle du nord va du tropique du Cancer au cercle polaire arctique, 66° 32' 22'' de latitude nord. Celle du sud va du tropique du Capricorne au cercle polaire antarctique, 66° 32' 22'' de latitude sud.

Les *zones glaciales* sont celles où les rayons solaires n'apparaissent que pendant une partie de l'année. Elles vont depuis les cercles polaires jusqu'aux pôles.

19. ZONE TORRIDE. La *zone torride* a un climat très chaud, parce que le soleil se trouve toujours directement au-dessus de quelqu'un de ses points. La température est moins élevée près de l'équateur que près des tropiques. La végétation y est très active; mais des périodes alternatives de pluies et de sécheresses en rendent le séjour dangereux aux Européens.

20. ZONES TEMPÉRÉES. Les *zones tempérées* ont une chaleur modérée; les jours de pluie et de beau temps y sont moins continus; aussi ces zones sont-elles les plus favorables à l'habitation de l'homme.

21. ZONES GLACIALES. Les *zones glaciales* éprouvent un froid très intense, parce que les rayons du soleil, quand ils y arrivent, sont très inclinés. Dans la zone glaciale arctique, le soleil brille longtemps en été sans se coucher; en hiver, il est longtemps sans y paraître. C'est l'inverse dans la zone glaciale antarctique.

22. ÉTENDUE RESPECTIVE. La zone torride occupe les deux cinquièmes du globe, 202,980,000 k. c.; les zones tempérées un peu plus de la moitié, 265,200,000 k. c.; les zones glaciales un douzième seulement, 41,820,000 k. c.

L'HOMME.

23. RACES HUMAINES. La terre est habitée par différentes espèces d'êtres vivants, à la tête desquels se trouve l'espèce humaine. Tous les individus de l'espèce humaine ont les mêmes caractères essentiels. Toutefois, des différences accidentelles de conformation physique, de couleur, de traits, les font grouper en trois races : la race *blanche*, la race *jaune* et la race *nègre* (3,000 idiomes).

24. RACE BLANCHE. La *race blanche* ou *caucasique* habite l'Europe, l'Amérique, une partie de l'Asie et de l'Océanie. Elle a le visage ovale, le front haut et vertical, le teint blanc. C'est la plus intelligente et la plus civilisée des races humaines.

25. RACE JAUNE. La *race jaune* ou *mongolique* habite surtout l'Asie. Elle a le visage large et aplati, les yeux longs et inclinés obliquement, le teint olivâtre. Elle est intelligente, mais moins perfectible.

26. RACE NÈGRE. La *race nègre* habite surtout l'Afrique et l'Océanie. Elle a le front déprimé, le nez large, les lèvres grosses, les joues saillantes, le teint noir ou plus ou moins foncé. C'est la moins civilisée des races humaines.

27. INDIENS. Les *indigènes de l'Amérique*, appelés Peaux-Rouges, paraissent n'être qu'un mélange des trois races humaines. Aujourd'hui la race blanche, venue d'Europe, domine de beaucoup en Amérique.

28. OCÉANIENS. Les *Océaniens* se rapprochent par leurs traits principaux de la race jaune et de la race nègre.

QUESTIONNAIRE. 1. *Qu'est-ce qu'une mappemonde?* 2. ... *un planisphère?* 3. *Quelle étendue occupent les eaux, les terres, la surface terrestre?* 4. *Que comprennent les terres?* 5. *Quelles sont les cinq parties du monde?* 6. *Quelle est leur étendue et leur population?* 7. *Où est située l'Europe?* 8. ... *l'Asie?* 9. ... *l'Afrique?* 10. ... *l'Amérique?* 11. ... *l'Océanie?* 12. *Quels sont les cinq grands Océans?* 13. ... *l'Oc. Gl. Arctique?* 14. ... *l'Oc. Atlantique?* 15. ... *l'Océan Pacifique?* 16. ... *l'Oc. Indien?* 17. ... *l'Oc. Gl. Antarctique?* 18. *Quelles sont les zones terrestres?* 19. ... *la zone torride?* 20. ... *les zones tempérées?* 21. ... *des zones glaciales?* 22. ... *leur étendue?* 23. *Par qui la terre est-elle habitée?* 24. *Où habite la race blanche?* 25. ... *la race jaune?* 26. ... *la race nègre?* 27. *Que dites-vous des Indiens?* 28. ... *des Océaniens?*

EUROPE PHYSIQUE

SOL DE L'EUROPE

1. BORNES. L'*Europe* est bornée à l'O. par l'*Océan Atlantique*; au N., par l'*Océan Glacial Arctique*; à l'E., par l'*Asie*, dont elle est séparée par les monts Ourals, le fl. Oural et la mer Caspienne; au S., par l'*Asie* et l'*Afrique*.

2. Au Sud, l'Europe est *séparée de l'Asie* par la chaîne du Caucase, la mer Noire, le détroit de Constantinople, la mer de Marmara, le détroit des Dardanelles; elle est *séparée de l'Afrique* par la mer Méditerranée et le détroit de Gibraltar.

La mer Méditerranée unit l'Europe, l'Afrique et l'Asie; elle est partagée en deux bassins par la Sicile. Elle atteint 3,000ᵐ de profondeur et mesure 2,885,512 k. c.

L'Europe compte 10,000,000 de k. c. Elle est quatre fois moindre que l'Amérique et dix-neuf fois plus grande que la France.

3. MERS. Les eaux qui environnent l'Europe de trois côtés, forment, en y pénétrant, des *mers particulières*; les principales sont:
Au N., la mer d'Irlande, la Manche, la mer du Nord et la mer Baltique, *formées par l'Océan Atlantique*; puis la mer Blanche et la mer de Kara, *formées par l'Océan Glacial*.
Au S., la mer *Adriatique*, la mer Ionienne, l'Archipel ou mer Égée, la mer de Marmara, la mer *Noire* et la mer d'Azof. La mer *Caspienne* est à 20ᵐ au-dessous de la mer Noire.

Ces mers procurent à l'Europe 33,000 k. de littoral, et avec les îles, 43,000, c'est-à-dire à peu près cinq fois le littoral de l'Afrique, précieux avantage qui facilite les rapports commerciaux par mer.

4. DÉTROITS. Ces mers communiquent entre elles par *douze principaux détroits*:
Au N., le détroit du Pas-de-Calais, le Sund, le grand Belt et le petit Belt; les détroits de Kara et de Waigatz.
Au S., le détroit de *Gibraltar*, le détroit de Bonifacio, le détroit de Messine, le détroit des *Dardanelles*, le détroit de Constantinople ou Bosphore, le détroit d'Iénikalé.
Le détroit de Constantinople a 30 kil. de long sur 500 à 700ᵐ de large; celui des Dardanelles, 60 kil. de long sur 6 à 10 kil. de large. Ils forment la clef de la mer Noire.

5. ÎLES. Les *principales îles* que baignent ces mers sont:
Au N.-O., les îles Britanniques (*Irlande* et *Grande-Bretagne*), auxquelles on peut rattacher les Hébrides, les Orcades, les Shetland, les îles Feröe et l'*Islande*.

6. Au N.-E., Helgoland et les îles Loffoden, dans la mer du Nord; le Spitzberg, l'archipel François-Joseph, l'île Kolgouef, la *Nouvelle-Zemble* et l'île Waïgatz, *dans l'Océan Glacial*; puis l'archipel danois (*Séeland, Fionie*, etc.), Bornholm, OEland, Gottland, OEsel, Dago et les îles d'Aland, *dans la mer Baltique*.

7. Au S., les *Baléares* (Iviça, Majorque et Minorque); l'île d'Elbe, la *Corse* et la *Sardaigne*, les îles Lipari, la *Sicile* et Malte; les îles Ioniennes, Candie, Négrepont et l'archipel des Cyclades.

8. GOLFES. Les *principaux golfes* de l'Europe sont au nombre de dix:
Un à l'O., le golfe de Gascogne;
Quatre au N., les golfes du Zuyderzée, de Riga, de Finlande et de Bothnie;
Cinq au S., les golfes du Lion, de Gênes, de Tarente, de Lépante et d'Odessa.

9. PRESQU'ÎLES ET ISTHMES. L'Europe forme au N., la presqu'île du Jutland, la péninsule *scandinave* et les péninsules Kola et Kanin, à l'entrée de la mer Blanche; au S., la péninsule *hispanique*, la péninsule *italienne*, la péninsule des *Balkans*, dont fait partie la presqu'île de *Morée*, enfin la presqu'île de *Crimée*.

Ces deux dernières se rattachent au continent par les isthmes de *Corinthe* et de *Pérékop*.

Les péninsules de l'Europe forment symétrie avec celles de l'Asie; la Scandinavie répond au Kamtchatka; la Grande-Bretagne, au Japon; l'Espagne, l'Italie, etc., à l'Indo-Chine, l'Hindoustan et l'Arabie.

10. CAPS. Les *principaux caps* de l'Europe sont au nombre de dix:
Cinq à l'O., le cap Saint-Vincent, le cap Finisterre, la pointe Saint-Matthieu, le cap Land's End, le cap Mizen;
Deux au N., le cap Lindesness et le cap Nord;
Trois au S., le cap Tarifa, le cap Passaro et le cap Matapan.

11. VERSANTS. L'Europe est partagée en *deux versants*, par une suite de montagnes et de collines, qui courent *du S.-O au N.-E.*, depuis le cap Tarifa jusqu'aux monts Ourals. Celui du N.-O. porte ses eaux dans les mers formées par l'Atlantique et l'Océan Glacial; celui du S.-E. dans la mer Caspienne, et les mers formées par la Méditerranée.

12. LIGNE DE PARTAGE DES EAUX. Ces montagnes sont: *en Espagne*, les monts Ibériques; *en France*, les Pyrénées, les Corbières, les Cévennes et les monts Faucilles, les Vosges et le Jura; *en Suisse* et *en Allemagne*, les Alpes du mont Saint-Gothard à la Forêt-Noire, et les Alpes de Souabe.
En Autriche-Hongrie, les monts de Bohême et de Moravie, les monts Sudètes et les Karpathes; *en Russie*, les collines de Pologne, le plateau de Valdaï et les monts Ouvaldi, qui se réunissent au nœud de l'Oural avec la grande chaîne des monts Ourals.

Ces montagnes atteignent 3600ᵐ au sud de l'Espagne; 3,404ᵐ dans les Pyrénées; 4,810ᵐ près du Rhône, en France; 2700ᵐ dans les Karpathes; environ 1600ᵐ au nœud de l'Oural. Au-dessus de 2,700ᵐ, elles gardent des neiges éternelles.

13. AUTRES MONTAGNES. Les autres principales montagnes sont: *dans la Grande-Bretagne*, les monts Cheviots et les monts Grampians; dans la *péninsule scandinave*, les monts Dofrines; les Apennins, *en Italie*; les Balkans, plus à l'est vers la mer Noire, *en Turquie*; enfin le Caucase, *qui se prolonge jusqu'au sol européen, en Russie*.
L'Europe offre aussi quelques volcans: le mont Hécla, en Islande; l'*Etna*, en Sicile; le *Vésuve*, en Italie.

14. FLEUVES. Les versants sont partagés en autant de bassins qu'il y coule de fleuves.
Les *fleuves du versant N.-O.* sont: le Guadalquivir, la Guadiana, le Tage, le Douro et le Minho, *en Espagne*; la Garonne, la Loire, la Seine, l'Escaut et la Meuse, *dans la région française*; le Rhin, le Weser, l'Elbe, l'Oder, la Vistule, *dans la région allemande*; le Niémen, la Duna, la Néva, l'Onéga, la Dwina, le Mezen et la Petchora, *dans la région russe*. Le Kara sépare l'Europe de l'Asie.

15. Les *fleuves du versant S.-E.* sont: l'Èbre, *en Espagne*; le Rhône, *en France*; l'Arno, le Tibre et le Pô, *en Italie*; la Maritza et la Vardar, *en Turquie*; le Dniester, le Dniéper, le Don, le Volga et l'Oural, *en Russie*.

Le Volga a un cours de 3,860 kil.; l'Oural, de 3,000 kil.; le Danube, de 2,850 kil. C'est ce dernier fleuve qui est le plus avantageux à l'Europe.

16. LACS. Les *principaux lacs* de l'Europe sont, *dans la Scandinavie*, les lacs Wener, Wetter et Mœler; *en Russie*, les lacs Peypous, Ladoga et Onega; *aux pieds des Alpes*, les lacs de Constance et de Genève, au N.-O., *en Suisse*; les lacs Majeur, de Côme et de Garde, au S., *en Italie*; le lac Balaton, plus à l'E., *en Autriche*.

17. ASPECT GÉNÉRAL. Le *versant N.-O.* de l'Europe offre l'aspect d'une plaine peu accidentée; le *versant S.-E.* au contraire, est généralement montagneux, excepté au nord de la mer Noire. Ces montagnes sont moins élevées qu'en Amérique et en Asie.

18. AVANTAGES PHYSIQUES DE L'EUROPE. Bien que l'Europe soit *la plus petite* des cinq parties du monde et qu'elle n'offre pas la riche végétation des pays chauds, cependant, comme elle est mieux exploitée, elle est aussi, relativement à son étendue, *la plus productive*.

Les autres parties du monde offrent de vastes étendues stériles, comme le désert de Gobi en Asie, le Sahara en Afrique. Il n'en existe point en Europe.

19. MINES. Les *mines* de l'Europe recèlent peu de métaux précieux, bien qu'on en tire de l'or (7 millions de fr.) et de l'argent (33 millions); mais elles abondent en métaux utiles, surtout en fer (7 millions de tonnes), en plomb, en étain, en cuivre, etc., en combustibles (houille, anthracite); en sel gemme; en carrières de marbres et d'ardoises, etc.

20. VÉGÉTAUX. Le *sol* de l'Europe, bien arrosé, fournit abondamment à l'homme tous les produits nécessaires, non seulement à la vie, mais encore au bien-être. Les produits principaux sont les céréales (blé, seigle, avoine, etc.), les plantes légumineuses, fourragères et oléagineuses; les arbres fruitiers, la vigne, le mûrier; les bois de chauffage et de construction, etc.

Les régions froides du Nord offrent surtout des forêts, où croissent les arbres résineux, pins et sapins; les régions moyennes, des céréales; celles du Sud, des fruits.

21. ANIMAUX. La *faune* de l'Europe, c'est-à-dire l'ensemble de ses animaux, comprend un grand nombre d'*animaux domestiques* (chevaux, bœufs, moutons, etc.) et peu d'*animaux sauvages* nuisibles (l'ours, le loup, le renard, l'aigle, etc.).

Dans l'extrême Nord, le renne tient lieu de tous les autres animaux domestiques.

22. CLIMAT. La position astronomique de l'Europe lui assure un *climat tempéré*, à l'abri des chaleurs accablantes de l'équateur et des froids rigoureux du nord, excepté toutefois dans la partie N.-E. Ce climat est *favorisé au sud*, par les vents d'Afrique, et *à l'ouest*, par le courant du golfe *Gulfstream*, qui vient longer le rivage occidental de l'Europe.

L'Europe est comprise entre les degrés 36° et 71° de latitude boréale; 12° (ou 25°) de longitude occidentale et 60° de longitude orientale.

On y distingue trois climats : *méditerranéen* au S., *océanique* à l'O., *continental* au N.-E.

QUESTIONNAIRE. 1. Quelles sont les bornes de l'Europe au nord? 2. ... au sud? 3. ... les mers? 4. ... les détroits? 5. les îles, au N.-O.? 6. ... au N.-E? 7. ... au sud? 8. ... les golfes?
9. Quels sont les presqu'îles et les isthmes? 10. ... les caps? 11. les versants? 12. ... la ligne de partage des eaux? 13. ... les autres montagnes? 14. ... les fleuves du versant N.-O.? 15. ... ceux du versant S.-E.?
16. Citez les lacs. 17. Quel est l'aspect général de l'Europe? 18. Indiquez-en les avantages; 19. ... les mines; 20. ... les végétaux; 21. ... les animaux; 22. ... le climat.

EUROPE PHYSIQUE

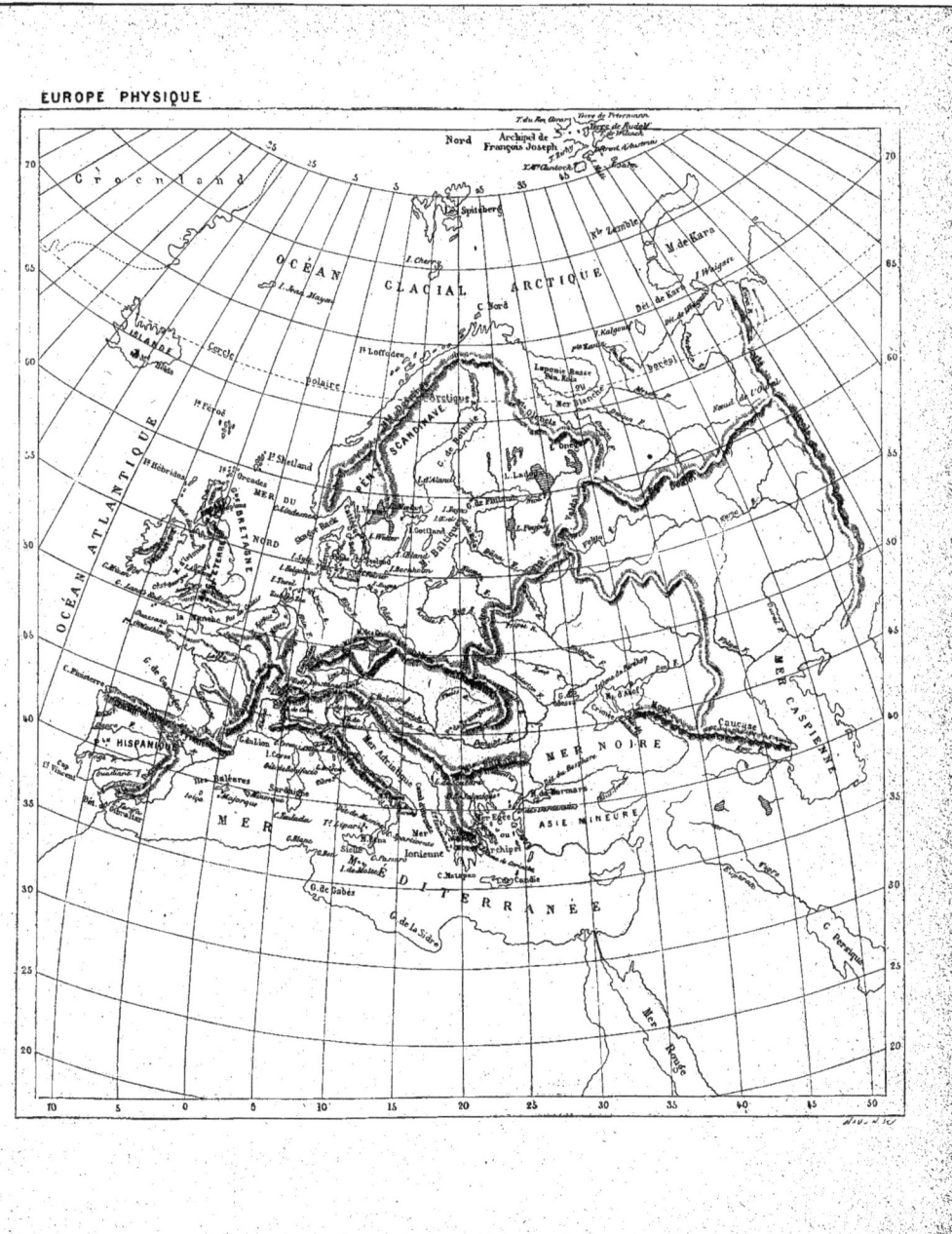

EUROPE POLITIQUE

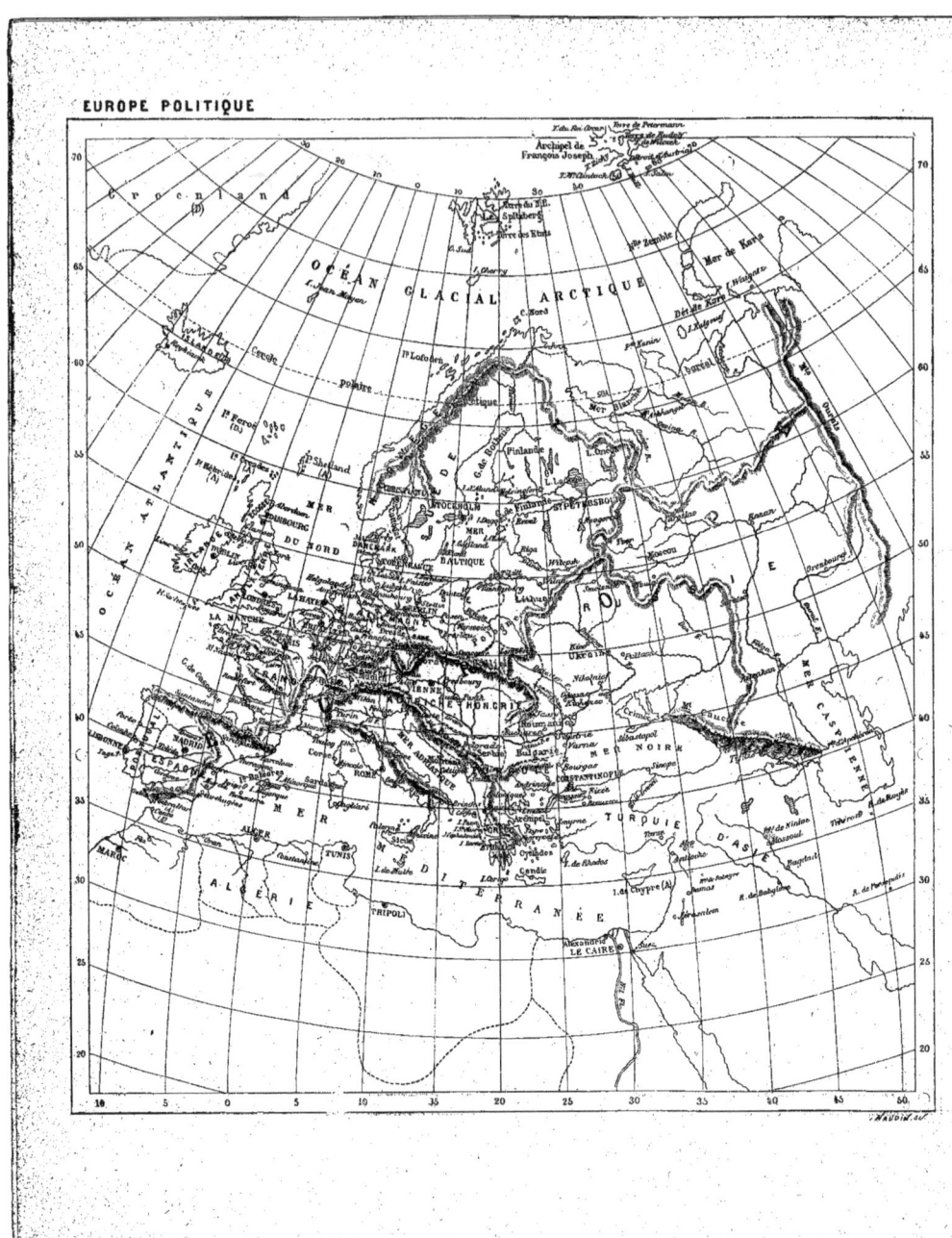

EUROPE POLITIQUE

ÉTATS DE L'EUROPE.

1. L'EUROPE, sous le rapport politique, se divise en *dix-huit états*, dont cinq au nord, cinq au centre et huit au sud.

Les *États du nord* sont : 1° l'Angleterre ; 2° la Belgique ; 3° la Hollande ; 4° le Danemark ; 5° la Suède ;

Les *États du centre* sont : 6° la France ; 7° la Suisse ; 8° l'Allemagne ; 9° l'Autriche ; 10° la Russie ;

Les *États du sud* sont : 11° le Portugal ; 12° l'Espagne ; 13° l'Italie ; 14° la Turquie ; 15° la Roumanie ; 16° la Serbie ; 17° le Montenegro ; 18° la Grèce.

L'Europe comprend encore la république de St-Marin, les principautés de Lichtenstein et de Monaco, la république d'Andorre et le Luxembourg.

2. L'ANGLETERRE a pour capitale *Londres* (6,000,000 h.), la plus grande ville de l'Europe. V. p. *Liverpool*, port de commerce ; *Douvres*, port le plus voisin de la France ; *Birmingham* et *Manchester*, villes industrielles. — Popul. 35,000,000 d'h.

Le royaume comprend au nord : l'*Écosse*, c. *Édimbourg*, v. p. *Glasgow* ; à l'ouest, l'*Irlande*, c. *Dublin* ; les *Hébrides*, les *Orcades*, et les *Shetland* ; *Helgoland*, dans la mer du Nord ; *Gibraltar* et *Malte*, dans la Méditerranée.

Hors de l'Europe, l'Angleterre possède d'immenses colonies, principalement celles de l'*Amérique du Nord*, de l'*Hindoustan* et l'*Australie*.

3. LA BELGIQUE a pour capitale *Bruxelles* (421,000 h.). V. p. *Anvers*, port sur l'Escaut et place forte. — Popul. 5,800,000 h.

4. LA HOLLANDE a pour capitale *La Haye* (157,000 h.). V. p. *Amsterdam* (407,000 h.). C'est un pays plus bas que la haute mer de deux mètres. Des digues empêchent les eaux d'y entrer. — Popul. 4,600,000 h. La Hollande porte aussi le nom de *Pays-Bas*. Le roi est duc du Luxembourg.

5. LE DANEMARK a pour capitale *Copenhague* 375,000 h.), située dans l'île de *Séeland*, sur le détroit du *Sund*. Le royaume comprend l'archipel danois (*Séeland, Fionie*, etc.), la presqu'île du *Jutland*, l'île *Bornholm*, les îles *Feroë* et *Islande*, et les îles *St-Thomas*, aux Antilles. — Popul. 2,300,000 h.

6. LA SUÈDE a pour capitale *Stockholm* (243,000 h.); le roi de Suède règne aussi sur la *Norvège*, c. *Christiania* (130,000 h.), mais les deux royaumes ont une administration distincte. — Popul. 6,600,000 h., dont 4,800,000 pour la Suède et 1,800,000 pour la Norvège.

7. LA FRANCE a pour capit. *Paris* (2,430,000 h.), siège du gouvernement, du Sénat et de la Chambre des députés. V. p. *Lyon*, centre de la manufacture de la soie ; *Marseille*, principal port de commerce, point de départ des Messageries pour l'isthme de Suez et les Indes ; *Bordeaux*, *Saint-Nazaire* et le *Havre*, d'où partent les Transatlantiques pour le Brésil, Colon, Vera-Cruz, New-York et le Canada ; *Toulon* et *Brest*, ports de guerre.

8. DIVISION. La France est divisée en 86 départements ; elle comprend l'île de *Corse*, c. *Ajaccio*, dans la mer Méditerranée, et possède de belles colonies, en particulier l'Algérie. La France est un des pays du globe où les arts ont atteint leur plus grande perfection. — Popul. 38,218,903 h.

9. LA SUISSE a pour capitale *Berne* (46,000 h.). C'est une République fédérative de 22 cantons. Le pays est élevé et pittoresque, entrecoupé de vallées profondes et de montagnes couvertes de neiges et de glaciers. — Popul. 2,900,000 h.

10. L'EMPIRE D'ALLEMAGNE a pour capitale *Berlin* (1,320,000 h.). Il est formé de 25 États et d'un territoire. — Popul. 47,000,000 d'h.

Les 25 États comprennent *quatre royaumes*, *six grands-duchés*, *cinq duchés*, *sept principautés* et *trois villes libres*.

11. ROYAUMES. Les *quatre royaumes* sont : la Prusse, la Saxe, la Bavière et le Wurtemberg.

1° **LA PRUSSE**, c. *Berlin*, sur la Sprée. V. p. *Kœnigsberg* ; *Dantzig*, sur la Vistule ; *Breslau* sur l'Oder ; *Magdebourg*, sur l'Elbe ; et *Cologne*, sur le Rhin ; *Kiel*, port sur la Baltique, dans le Sleswig-Holstein. — Popul. 28,318,000 h.

12. 2° **LA SAXE**, c. *Dresde* (246,000 h.), sur l'Elbe. v. p. *Leipzig*. — Popul. 3,200,000 h.

3° **LA BAVIÈRE**, c. *Munich* (262,000 h.), sur l'Isar. — Popul. 5,420,000 h.

4° **LE WURTEMBERG**, c. *Stuttgard* (126,000 h.), à l'O. du Necker. — Popul. 2,000,000 h.

13. DUCHÉS. Les six grands-duchés sont : le grand-duché de *Bade*, c. *Carlsruhe* (61,000 h.). — Popul. 1,600,000 h. ; le grand-duché de *Hesse-Darmstadt*, c. *Darmstadt*, v. p. *Mayence* ; le grand-duché d'*Oldenbourg*, les deux grands-duchés de *Mecklembourg* et le grand-duché de *Saxe-Weimar*.

Les cinq duchés sont : le duché de *Brunswick*, c. *Brunswick* ; les trois duchés de *Saxe* et le duché d'*Anhalt*.

Les trois villes libres sont : *Brême*, *Hambourg*, le grand port de l'Allemagne (306,000 h.), et *Lubeck*, ports de commerce.

14. L'empire d'Allemagne comprend encore le territoire d'*Alsace-Lorraine*, c. *Strasbourg* (112,000 h.) ; v. p. *Metz*. Ces deux places fortes ont été perdues par la France au traité de Francfort (1871). — Popul. 1,567,000 h.

15. L'AUTRICHE a pour c. *Vienne* (1,231,000 h.), sur le Danube. L'empire d'Autriche comprend la Hongrie, c. *Bude-Pesth* (361,000 h.) ; la *Gallicie*, partie de l'anc. Pologne, c. *Lemberg*, v. p. *Cracovie* ; l'anc. roy. de *Bohême*, c. *Prague* ; l'*Istrie*, c. *Trieste*, por. port de l'emp., sur la mer Adriatique. — Pop. 41,000,000 d'h., dont 17,000,000 en Hongrie.

16. LA RUSSIE D'EUROPE a pour capitale *Saint-Pétersbourg* (1,004,000 h.), sur la *Néva*. Cet empire occupe plus de la moitié de l'Europe et comprend la *Finlande*, c. *Helsingfors* ; la *Lithuanie*, c. *Wilna* ; la *Pologne*, c. *Varsovie*, sur la *Vistule*. Cette ville était autrefois la capitale du royaume de Pologne, partagé en 1772, 1793 et 1795, par la Russie, la Prusse et l'Autriche.

Au sud, la Russie comprend la *Crimée*, dont le principal port, *Sébastopol*, fut pris, en 1855, par la France et l'Angleterre.

17. Les *ports* de la Russie sont *Arkhangel*, sur la mer Blanche ; *Saint-Pétersbourg*, sur le golfe de Finlande ; *Odessa* et *Sébastopol*, sur la mer Noire ; *Astrakan*, sur la mer Caspienne. — Popul. de la Russie d'Europe : 96,000,000 d'h.

La Russie possède une grande partie de l'Asie, en particulier la *Sibérie*.

18. LE PORTUGAL a pour capitale *Lisbonne*, sur le *Tage* (255,000 h.). V. p. *Porto* et *Coïmbre*. Iles *Açores* et *Madère*. — Popul. 4,800,000 h.

19. L'ESPAGNE a pour cap. *Madrid* (509,000 h.). Elle occupe tout le nord-est de la pén. hispanique, et les îles Baléares. Elle possède *Ceuta* sur la côte d'Afrique, et les îles *Canaries*, qui font partie intégrante du royaume.

Les principaux ports de l'Espagne sont *Barcelone*, *Carthagène*, *Cadix* et *Santander*. — Popul. 17,500,000 d'h. avec les îles Canaries.

L'Espagne possède de belles colonies en Amérique et en Océanie, en particulier *Cuba* et les *Philippines*, avec une population de 8,157,000 h.

20. L'ITALIE a pour capitale *Rome* (413,000 h.), sur le Tibre, résidence du souverain Pontife, et du roi d'Italie, qui l'a enlevée au pape en 1870. Ports principaux : *Gênes*, *Naples*, *Messine*, *Brindes*, *Ancône* et *Venise*.

21. L'Italie comprend les anciens États du roi de *Sardaigne*, c. *Turin*, avec l'île de *Sardaigne*, c. *Cagliari* ; l'ancien royaume *Lombard-Vénitien*, c. *Milan* et *Venise* ; le duché de *Toscane*, c. *Florence* ; les États de l'*Église*, c. *Rome* ; l'ancien royaume de *Naples*, c. *Naples*, avec l'île de *Sicile*, c. *Palerme*. — Popul. 31,000,000 d'h.

22. LA TURQUIE d'Europe a pour capitale *Constantinople* (874,000 h.), sur la mer de Marmara. V. p. *Andrinople*, *Salonique* et *Scutari*. — Popul. 10,300,000 h., dont 3,150,000 en Bulgarie.

Le traité de Berlin en a détaché trois États : la Roumanie, la Serbie et le Montenegro. Elle conserve la Bulgarie et la Roumélie orientale, comme principauté vassale, c. *Sophia* (42,00 h.).

La Turquie conserve l'île de Candie, c. *Candie* ; mais elle a cédé à la Russie ce qu'elle possédait au delà du Pruth et du Danube, et en Asie une portion de l'Arménie.

Elle a dû abandonner à l'Autriche l'occupation de la Bosnie et de l'*Herzégovine*, et céder à la Grèce la majeure partie de la Thessalie.

23. LA ROUMANIE, *royaume* (1881), c. *Bucharest* (221,000 h.) ; v. p. *Jassy*. — Pop. 5,800,000 h.

LA SERBIE, *royaume* (1882), c. *Belgrade* (36,900 h.) — Pop. 2,100,000 h.

LE MONTENEGRO, principauté, c. *Cettigné* (1,200 h.). Pop. 240,000 h.

24. LA GRÈCE, c. *Athènes* (107,000 h.). Elle comprend la *presqu'île de Morée*, l'île de *Negrepont*, la *Thessalie*, l'archipel des *Cyclades* et les îles *Ioniennes*, c. *Corfou*. — Popul. 2,200,000 d'h.

25. CONCLUSION. On peut conclure en résumant que la population de l'Europe est de 341,000,000 d'h. La moitié de cette population est catholique. Le reste est ou protestant, ou schismatique, ou mahométan. Les peuples de l'Europe appartiennent à la race blanche, excepté les Finnois, les Kalmouks et les Turcs, qui se rattachent à une famille de la race jaune.

QUESTIONNAIRE. 1. Comment se divise l'Europe ? 2. Dites-nous quelques mots sur l'Angleterre ; 3. ... sur la Belgique ; 4. ... sur la Hollande ; 5. ... sur le Danemark ; 6. ... sur la Suède ; 7. ... sur la France ; 8. ... sur les possessions de la France ; 9. ... sur la Suisse ; 10. ... sur l'empire d'Allemagne.

11-13. Quels sont les quatre royaumes de l'empire ? 13. ... les duchés ? 14. ... le territoire d'empire ? 15. Parlez de l'Autriche ; 16. ... de la Russie d'Europe ; 17. ... de ses ports ; 18. ... du Portugal.

19. Quelques mots sur l'Espagne ; 20. ... l'Italie ; 21. ... les anciens États de l'Italie ; 22. ... la Turquie ; 23. ... les trois États détachés de la Turquie. 24. Que peut-on conclure ?

ASIE

ASIE PHYSIQUE ET POLITIQUE.

1. BORNES. L'*Asie* est bornée à l'O. par l'Afrique et l'Europe; au N., par l'Océan Glacial Arctique; à l'E., par l'Océan Pacifique; au S., par l'Océanie et l'Océan Indien. Elle compte 810,000,000 d'hab. et 45,000,000 de k. c.

ASIE PHYSIQUE.

2. MERS. L'Asie est baignée *à l'ouest*, par la mer Rouge, la mer *Méditerranée*, l'Archipel, la mer de Marmara, la mer *Noire* et la mer *Caspienne*;
Au nord, par la mer de Kara et l'*Océan Glacial Arctique*;
A l'est, par l'*Océan Pacifique*, qui forme la mer de Behring, la mer d'Okhotsk, la mer du Japon, la mer Jaune, la mer Orientale et la mer de Chine;
Au sud, par l'*Océan Indien*, qui forme la mer d'Oman. On trouve à l'intérieur la mer d'Aral.

3. GOLFES. Quelques *golfes* sont formés par ces mers : le g. d'*Anadir*, par la mer de Behring; le g. du *Kamtchatka*, par la mer d'Okhotsk ; le g. du *Pétchéli*, par la mer Jaune; les g. du *Tonkin* et de *Siam*, par la mer de Chine; le g. du *Bengale*, par l'Océan Indien; les g. *Persique* et d'*Aden*, par la mer d'Oman.

4. DÉTROITS. Outre les *détroits* communs à l'Europe et à l'Asie (v. Europe), on trouve à l'E., les dét. de *Behring*, de la *Pérouse* et de *Corée*; au S., les dét. de *Malacca*, de *Palk*, d'*Ormus* et de *Bab-el-Mandeb*.

5. ILES. Les *îles* de l'Asie sont : à l'O., l'îles îles de *Chypre* (Angl.), de Rhodes et les Sporades ; au N., les îles *Liakhov* ou arch. de la Nouvelle Sibérie; à l'E., les *Aléoutiennes* (v. Mappemonde), les *Kouriles*, l'île *Tarrakaï* ou Saghalien ; l'arch. du Japon (*Yeso, Nippon, Sikhok* et *Kiou-Siou*); *Formose* et *Haïnan*; les îles Nicobar et Andaman ; *Ceylan*; les Maldives et les Laquedives.

6. PRESQU'ILES ET CAPS. L'Asie offre à l'O., la presq. d'*Asie Mineure* et le cap Baba; au N., la presq. de l'*Obi* et le cap Severo-Vostochnoï; à l'E., le cap Oriental, la presq. de *Kamtchatka* et de *Lopatka*, la presq. de *Corée* et le cap Providence; au S., la presq. de l'*Indo-Chine* et le cap *Cambodge*, la presq. de *Malacca* et le cap Romania; la presq. de l'*Hindoustan* et le cap Comorin, la presq. d'*Arabie* et le cap Ras-el-Gat.

7. MONTAGNES. On trouve au centre de l'Asie un plateau élevé de 1,000 à 3,000 m, qui vient s'appuyer au S. sur les monts *Himalaya*, les plus hauts du globe (8000 m); à l'O. sur les monts *Bolor*; les monts *Célestes* (Thian-Chan) et les monts *Altaï*; à l'E., sur les monts *Kin-gan*. Ce plateau est partagé en deux par les monts *Kouenlun* et les monts *Neigeux* ou Nan-Schan.

8. VERSANTS. De ce plateau se détachent *quatre chaînes*, qui partagent l'Asie en autant de versants. Ce sont : à l'O., l'*Indou-Khoh*, relié par le Taurus et le Liban au mont Sinaï d'une part et au Caucase de l'autre (mont Ararat); plus au N., les monts *Alguidim*, reliés aux monts Ourals; à l'E., les monts *Iablonoï* ou Stanovoï; au S., les monts de l'*Indo-Chine* et de *Malacca*. Les monts Ghattes bordent les côtes de l'Hindoustan.

9. FLEUVES. Le *versant occidental* est arrosé par le Kizil-Irmak, qui se jette dans la mer Noire ; le Kour (m. Caspienne), l'Amou-Daria et le Sir-Daria (m. d'Aral). Le *versant septentrional*, par l'Obi, l'Iénisseï et la Léna (Oc. Glac.).

10. Le *versant oriental* est arrosé par l'Amour ou fl. Noir, l'Hoang-Ho ou fl. Jaune, l'Yang-tse-Kiang ou fl. Bleu, le Tsi-Kiang ou Tigre de Chine, le Mei-Kong et le Mei-Nam, tous tributaires de mers formées par l'Océan Pacifique.
Le *versant méridional*, par le Salouen et l'Iraouaddy, le Brahmapoutre et le Gange, le Godavery et la Kistnah, le Tapty et l'Indus, enfin le Chat-El-Arab, formé du Tigre et de l'Euphrate.

11. LACS. Les *lacs* de l'Asie sont : le lac de *Généareth* et le lac *Asphaltite* ou mer Morte, qui reçoivent les eaux du Jourdain ; le lac de *Van*, en Turquie, et d'*Ourmiah*, en Perse; les lacs *Balkhach* et *Baïkal*, dans l'Asie russe; le lac *Khou-Khou-Nour*, en Mongolie; le lac *Hamoun*, en Afghanistan.

12. ASPECT GÉNÉRAL DE L'ASIE. Le plateau central offre à l'est, *le désert de Cobi* ou Chamo ; le nord est froid et peu fertile ; le renne y tient lieu de richesses. Le sud-est produit le riz, la thé, la soie ; le midi offre la riche végétation des pays chauds. Le sol abonde en mines, en pierres précieuses; on trouve de beaux diamants dans l'Hindoustan.

ASIE POLITIQUE.

13. DIVISION. L'Asie se divise en vingt *États* principaux. Ce sont : au N., la Sibérie et le Turkestan; à l'O., le Caucase, la Turquie d'Asie et l'Arabie; au S., la Perse, le Beloutchistan et l'Afghanistan, l'Hindoustan, le Népaul et le Boutan, la Birmanie, le Malacca et Siam, le Cambodge, la Cochinchine française, l'Annam et le Tonkin; à l'E., la Chine et le Japon.

14. LA SIBÉRIE ET L'ASIE CENTRALE, cap. *Tobolsk*, sur l'Irtych, affluent de l'Obi V. p. Khokand, Taschkend, Irkoutsk. — Pop. : 9,600,000 d'h.
Ces vastes régions appartiennent à la Russie.

15. LE TURKESTAN, cc. *Boukhara* (70,000 h.) et *Khiva*. — Pop. : 2,500,000 h.

16. LE CAUCASE, ou provinces russes au sud du Caucase, formées surtout de l'ancienne *Géorgie*, cap. *Tiflis* (106,000 h.), sur le Kour. — Population : 7,300,000 h.

17. LA TURQUIE D'ASIE, v. p. Smyrne (150,000 h.), Brousse, Sinope, Alep, Damas, Jérusalem, Bassora et Bagdad. La Turquie occupe en Arabie l'*Hedjaz*, c. La Mecque, v. p. Médine, et l'*Yemen*, c. Sana, v. p. Moka. — La population est d'environ 16,000,000 d'h.

18. L'ARABIE, formée de plusieurs petits États indépendants, dont le principal est le royaume d'Oman, cap. *Mascate* (60,000 h.). Les Anglais y possèdent *Aden*, l'île *Périm*, et s'attribuent la côte depuis Aden jusqu'à Mascate. Les Turcs occupent les bords de la mer Rouge. — La population est d'environ 5,000,000 d'h.

19. LA PERSE, cap. *Téhéran* (210,000 h.); v. p. Ispahan, Tauris. — Pop. environ 8,000,000 d'h.

20. LE BELOUTCHISTAN, cap. *Kélat*, pop. : 500,000 hab.

21. L'AFGHANISTAN, cap. *Kaboul*; v. p. Hérat. — Population : 6,000,000 h.

22. L'HINDOUSTAN, c. *Calcutta* (1,000,000 d'h.); v. p. Madras (400,000 h.) et Bombay (820,000 h.). Ce pays est presque entièrement soumis à l'Angleterre, qui possède encore Ceylan, les Nicobar, l'île Pénang, Malacca, Singapour, et Hong-Kong, cap. Victoria. La France possède dans l'Hindoustan cinq comptoirs, cap. *Pondichéry* (50,000 h.); le Portugal y possède trois comptoirs, ch.-l. *Goa*. — Pop. 271,000,000 d'h., dont 3 pour l'île Ceylan.

23. LE NÉPAUL, c. *Khatmandou*, dans l'Himalaya, se rattache selon les uns à la Chine, selon d'autres à l'Inde.

24. LE BOUTAN, c *Tassisoudon*. en partie occupé par l'Angleterre.

25. LA BIRMANIE, cap. *Mandaley* (80,000 h.), sur l'Iraouaddy. — Pop. : 6,000,000 d'h. (Angl.).

26. LE MALACCA INDÉPENDANT, formé de cinq petits États. — Pop. 1,000,000 d'h. L'Angleterre y possède les *Établissements du détroit*; c. Malacca, v. p. Singapour.

27. LE ROYAUME DE SIAM, cap. *Bang-Kok* (400,000 h.). — Pop. incert. de 6 à 12 millions.

28. LE CAMBODGE, c. *Pnompenh* (35,000 h.), royaume soumis au protectorat de la France. — Pop. 1,200,000 hab.

29. LA COCHINCHINE française, cap. *Saïgon* (115,000 h. dont 600 Européens). à 90 k. de la mer et à 13,800 k. de la France. — Pop. : 1,900,000 h.

30. L'ANNAM, ou Basse-Cochinchine, cap. *Hué* (30,000 h.). V. p. Tourane, sous le protectorat de la France. — Pop. : 2,500,000 d'h.

31. LE TONKIN, c. *Hanoï*, sur le fl. Rouge, colonie française. — Pop. : 12,500,000 h.

32. L'EMPIRE CHINOIS, cap. *Pékin* (environ 1,000,000 d'h.). Il comprend d'abord la Chine proprement dite, cap. *Pékin*, et la *Mandchourie*, cap. *Moukden* ; de plus, les pays tributaires qui sont au nombre de trois : la *Corée*, cap. *Séoul* ou Hang-Tching; la *Mongolie*, qui comprend le Turkestan chinois, formé de la Dzoungarie au N. et de la petite Boukharie au sud, et le grand désert; le *Thibet*, cap. L'*Hassa*.
L'émir de Kashghar, jadis détaché de l'empire, et encore peu fidèle, a été réduit à se soumettre. La Chine, avec la Mandchourie (12,000,000) et les pays sujets (9,000,000), compte 403,000,000 d'h.
Les principaux ports ouverts au commerce étranger. Les principaux sont Shang-Haï et Canton.

33. LE JAPON, cap. *To-Kio* ou *Yedo* (850,000 h.), dans l'île Nippon. V. p. Miako et Nangasaki. — Pop. : 40,000,000 d'h.
Le Japon a ouvert huit de ses ports au commerce étranger. Les principaux sont Nangasaki et Yokohama, près de To-Kio.

34. CULTES. Les 802,000,000 d'habitants de l'Asie professent le mahométisme, le bouddhisme, le brahmanisme, la religion de Confucius, le christianisme y fait des progrès.

35. RACES. Les peuples de l'Asie se rattachent principalement à la race jaune dans le sud-est ; à la race blanche dans l'ouest; ils ont un mélange dans le Nord. — Ils ont connu les premiers la civilisation et les arts; mais ils n'ont pas su porter ceux-ci à leur perfection.

QUESTIONNAIRE. 1. Indiquez les bornes de l'Asie ; 2. ..., les mers ; 3. ..., les golfes ; 4. ..., les détroits ; 5. ..., les îles ; 6. ..., les presqu'îles et les caps ; 7. ..., les montagnes ; 8. ..., les versants ; 9. ..., les fleuves ; 10. Indiquez les fleuves du sud-est ; 11. ..., les lacs ; 12. ..., l'aspect général de l'Asie. 13. Combien d'États en Asie ? 14. Expliquez ce qui concerne la Sibérie ; 15. ..., le Turkestan ; 16. ..., le Caucase ; 17. ..., la Turquie d'Asie ; 18. ..., l'Arabie ; 19. ..., la Perse ; 20. ..., le Beloutchistan ; 21. ..., l'Afghanistan ; 22. ..., l'Hindoustan.
23. Quelques mots sur le Népaul ; 24. ..., le Boutan ; 25. ..., la Birmanie ; 26. ..., le Malacca ; 27. ..., le royaume de Siam ; 28. ..., le Cambodge ; 29. ..., la Cochinchine fr. ; 30. ..., l'Annam ; 31. ..., le Tonkin ; 32. ..., la Chine ; 33. ..., le Japon ; 34. ..., les cultes ; 35. ..., les races.

ASIE PHYSIQUE ET POLITIQUE

AFRIQUE PHYSIQUE ET POLITIQUE

AFRIQUE PHYSIQUE ET POLITIQUE.

1. **BORNES.** L'Afrique est bornée :

A l'*ouest*, par l'Océan Atlantique;

Au *nord*, par le détroit de Gibraltar et la mer Méditerranée;

A l'*est*, par l'Asie, dont la sépare l'isthme de Suez (120 k.), par la mer Rouge ou golfe Arabique et par l'Océan Indien.

On lui attribue 210,000,000 d'hab. et 29,000,000 de k. c. Elle a 7,200 k. de long, sur 6,700 de large.

NOTIONS PHYSIQUES.

2. **GOLFES ET CAPS.** L'Afrique offre à l'O. le cap Frio et le cap Lopez; le *golfe de Guinée*, le cap des Palmes et le cap Vert; au N., le cap Blanc et le cap Bon; les *golfes de Gabès* et *de la Sidre;* à l'E., le *golfe d'Aden*, le cap Gardafui, le cap Delgado et le cap Corrientes; au S., le cap des Aiguilles et le cap de Bonne-Espérance.

3. **ILES.** Les *îles* de l'Afrique sont à l'O., dans le golfe de Guinée, *Fernando-Po* et Annobon (*Esp.*); les îles du Prince et de Saint-Thomas (*Port.*); Sainte-Hélène et l'Ascension (*Angl.*); plus au N., l'île Gorée (*Fr.*); et les îles du cap Vert, les Açores et Madère (*Port.*), et les Canaries (*Esp.*)

4. A l'E., l'île Socotora, les Seychelles et les Amirantes (*Angl.*); *Zanzibar;* les Comores : la *Gde Comore*, *Mayotte* et Nossi-Bé (*Fr.*); *Madagascar* et Ste-Marie (*Fr.*); le groupe des Mascareignes : I. de la *Réunion* (*Fr.*); *Maurice* et Rodrigue (*Angl.*).

5. **MONTAGNES.** On trouve, au N. de l'Afrique, la triple chaîne de l'*Atlas* (petit, moyen et grand Atlas); à l'E., les monts d'Abyssinie et la chaîne des monts *Lupata*, où l'on voit les monts Kenia (5,000 m.) et *Kilimandjaro* (6,115 m.).

6. Au S., les Mts *Nieuweweld* et Drakensberg; à l'O., les Mts du *Congo*, et en Guinée, les Mts de *Kong*. Deux chaînes peu élevées séparent les bassins du Nil, du Congo et du Zambèze.

7. **FLEUVES.** Les fleuves de l'Afrique, au N. et à l'E., sont le *Chéliff*, la *Medjerda*, le *Nil*, le *Zambèze* et le *Limpopo*.

Le *Chéliff* arrose l'Algérie; la *Medjerda*, la Tunisie.

8. **NIL.** Le *Nil* arrose le Soudan et l'Égypte; son cours de 6,470 k. ne le laisse inférieur qu'au Mississipi. Dans sa partie supérieure, il est formé du *Nil Bleu* et du *Nil Blanc*.

Le Nil Bleu sort du lac Dembéa ou Tsana, à 1,860 m. d'alt.; le Nil Blanc sort des lacs Albert et Victoria-Nyanza, à 1,200 m. d'alt. Ils se réunissent à Khartoum, cap. du Soudan éthiopien, à 400 m. d'alt.

Le *Nil inférieur* (2,700 k.) traverse la Nubie et l'Égypte, passe près du Caire, forme un vaste delta, et se jette, par plusieurs bouches, dans la Méditerranée. Ses inondations annuelles font la richesse de l'Égypte.

9. **ZAMBÈZE.** Le *Zambèze* coule à l'est, forme les belles chutes de Victoria, arrose Tété et Séna et se jette dans le canal du Mozambique.

Le *Limpopo*, ou fleuve des Crocodiles, se jette dans la baie Delagoa. L'*Ikopa* (800 k.), que grossit le *Betsiboka* (400 k.), est le principal cours d'eau de Madagascar.

10. **FLEUVES DE L'OUEST.** A l'O., on trouve le fl. *Orange*, le *Zaïre* ou *Congo*, l'*Ogôoué*, le *Niger*, la *Gambie* et le *Sénégal*.

Le *Congo* est un grand fleuve de 4,500 kil. de longueur, navigable de la mer à Vivi (chutes d'Yellala), et, depuis Brazzaville, jusqu'aux chutes de Stanley. Sa source est au lac Banguéolo.

L'*Ogôoué* passe près de Franceville.

Le *Niger*, long de 4,200 k., passe à Bamakou, à Segou et au sud de Tombouctou. Il se replie au sud-est, reçoit le Bénoué et se jette dans le golfe de Guinée, près du cap Formose.

La *Gambie* arrose Sainte-Marie de Bathurst; le *Sénégal* baigne Bakel et Saint-Louis.

11. **LACS.** Les lacs de l'Afrique sont : le lac *Tchad*, petite mer intérieure, qui reçoit les rivières Yeou et Tchary; le lac *Dembéa*, en Abyssinie; les lacs *Albert* et *Victoria-Nyanza*, qui alimentent le Nil Blanc; le lac *Tanganyika*, qui se décharge par la Lukuga dans le Congo; le lac *Banguéolo*, source du Congo; le lac *Nyassa*, qui se décharge par la Shiré dans le Zambèze; dans le désert de Kalahari, le lac *Ngami*.

12. **LE SAHARA.** Au nord du Sénégal, du Niger et du lac Tchad, s'étend un vaste désert, appelé *Sahara*, terrain sablonneux et stérile, généralement supérieur au niveau de la mer. On y trouve quelques oasis ou vallons fertilisés par quelques sources.

NOTIONS POLITIQUES.

13. **ÉTATS.** L'Afrique ne compte plus que quelques États indépendants : le Maroc, l'Abyssinie, le Soudan, etc. Les autres, au nombre de vingt environ, sont assujettis à des princes étrangers.

14. **MAROC.** Au N.-O., on trouve l'empire du Maroc, c. *Fez* (150,000 h.), *Maroc* (50,000 h.)

C'est un État musulman qui compte 800,000 k. c. et 9,000,000 d'h. V. p. *Tanger*, port commerçant sur la Méditerranée, et *Mogador*, bombardée par la France en 1844. L'Espagne y possède *Ceuta* et *Mélilla*.

15. **ALGÉRIE.** L'Algérie, conquise depuis 1830, forme trois départements : *Alger*, cap. (75,000 h.); *Oran*, (70,000), et *Constantine* (45,000). (V. *Col. fr.*)

L'Algérie est peuplée de 3,400,000 indigènes (Arabes, Kabyles ou Berbères, Turcs), et de 600,000 colons européens.

16. **TUNISIE.** La Tunisie a pour capitale *Tunis* (135,000 h.). Le traité du Bardo (1881) l'a placée sous le protectorat de la France. 116.000 k. c. et 2,000,000 d'h., dont 50,000 européens.

17. **TRIPOLI.** La régence de Tripoli, dépendance de la Turquie, a pour cap. *Tripoli* (20,000 h.). Elle comprend le Fezzan, c. *Mourzouk*. 1,000,000 de k. c. et 1,150,000 h.

18. **ÉGYPTE.** L'Égypte, vassale de la Turquie, mais occupée par l'Angleterre, a pour capitale *Le Caire* (374,000 h.).

Elle est sous l'administration d'un khédive, et tire surtout son importance de sa position sur la route des Indes.

19. **PORTS.** Les pr. ports de l'Egypte sont : *Alexandrie* (231,000 h.), reliée au Caire et à Suez par un chemin de fer, *Port-Saïd* et *Suez* aux deux extrémités du canal (120 k.): Ce canal, ouvert par M. de Lesseps, a été déclaré neutre (1889). 600,000 k. c. et 6,900,000 h.

20. **SOUDAN ÉTHIOPIEN.** L'Égypte a perdu sa domination sur la Nubie, c. *Khartoum* (40,000 h.); sur le Kordofan, c. *El-Obeid;* sur le Darfour, cap. *Tendelty*. 2,000,000 de k. c. et 10,000,000 d'h.

21. **ABYSSINIE.** Au S.-O. de la mer Rouge s'étend l'Abyssinie, c. *Gondar* ou *Ankobar*. Popul. 4,000,000 d'h.

Les Abyssins sont chrétiens monophysites. L'Italie prétend établir sur eux son protectorat. Elle occupe sur la côte voisine *Massaouah*, et la baie d'Assab, sous le nom de *Colonie Erythrée*.

La France occupe *Obock*; l'Angleterre, *Périm*, *Zeilah*, *Berbéra* et l'île Socotora. L'Italie occupe une partie de la *côte d'Ajan* (Somalis) jusqu'au *Zoub* (Djouba).

22. **ZANGUEBAR.** Le Zanguebar comprend la côte de ce nom et l'île Zanzibar, c. *Zanzibar*.

Le sultan de Zanzibar conserve l'île de ce nom, c. Zanzibar (90.000 h.) et les îles voisines, sous le protectorat de l'Angleterre.

La côte est occupée au N. par les *Anglais*, qui possèdent Mélinde et Mombaza et vont jusqu'au lac Victoria; au S., par les *Allemands*, qui s'attribuent Bagamoyo et le pays entre la Rovuma, le Tanganyika et le Victoria. Ils occupent aussi Vitou plus au nord et revendiquent le commerce de la côte d'Ajan.

23. **MOZAMBIQUE.** Le Mozambique est une côte soumise au Portugal, qui occupe à l'intérieur les bords du Zambèze; c. *Mozambique;* V. p. Quilimane, Séna et Tété.

Sur la côte, elle a les ports de Sofala, d'Inhambane et de Lorenzo-Marquez (baie Delagoa).

24. **MADAGASCAR.** Cette île si fertile forme un royaume, qui a pour cap. *Tananarive* (150.000 h.).

Par le traité du 17 décembre 1885, la France y possède *Diégo Suarez* et le protectorat de l'île, qui a 1,515 k. de long sur 600 k. de large. La population, dite Malgache, se rattache à la race Malaise, originaire de l'Océanie. 590,000 k. c. et 5,000,000 d'h. *Antsirane*, ville franç. dans la baie *Diego Suarez*.

25. **RÉPUBLIQUES DU SUD.** Au S.-O. du Mozambique, on trouve la Rép. de l'*Afrique australe* (anc. Transvaal), vassale de l'Angleterre, peuplée de 800,000 h., c. *Prétoria*, et la Rép. du *fl. Orange*, qui n'a que 140,000 h., cap. *Bloemfontein*.

26. **CAFRERIE.** La *Cafrerie* est le pays habité par les diverses tribus de Cafres (Zoulous, Matabélés, etc.); l'Angleterre y exerce son protectorat et occupe le Natal, c. *Pietermaritzburg*, v. p. Port-d'Urban (6,000 h.). 45,000 k. c. et 500,000 h.

27. **LE CAP.** La colonie anglaise du Cap, conquise sur la Hollande en 1796, a pour capitale *Le Cap* (40,000 h.). 677,000 k. c. et 2,000,000 d'h., y compris Natal. V. p. *Kimberley*, mines de diamant.

Elle exerce son protectorat sur le désert des Betchouanas et du Khama, sur les Matabelés, le lac Nyassa et le haut Zambèze

28. **CIMBÉBASIE.** Au N. du fl. Orange, on trouve les Hottentots, les Damara et les Ovampos. L'Allemagne a pris cette côte sous sa protection, excepté la baie de Walfish ou *des Baleines* (Angl.).

29. **GUINÉE INFÉRIEURE.** La *Guinée inférieure* s'étend du C. Frio au Cameroun. On y trouve :

Au S. du Congo, les colonies portugaises : le Benguela, c. *Saint-Philippe de Benguela;* l'Angola et la côte jusqu'au Zaïre, c. *Saint-Paul de Loanda*, v. p. San-Salvador.

Au N. du fleuve : 1° l'État *libre* du Congo, au roi des Belges, c. *Boma*, rive dr.; puis à partir de Noki, sur la rive gauche, v. p. Léopoldville, Kouamouth, au confl. du Kassaï; Équatorville; chutes Stanley. 2,700,000 k. c. et 40,000,000 d'h.;

2° Kabinda, petit territ. portugais;

3° Le *Congo français* (O. Africain), arrosé par l'Ogôoué (960 k.) et le Gabon, c. *Libreville;* v. pr. Franceville et Brazzaville. 600,000 k. c.;

4° La colonie allemande de Cameroun, c. *Cameroun*.

30. **GUINÉE SUPÉRIEURE.** La *Guinée supérieure* comprend, sur les côtes :

Les possessions anglaises : côte de *Bonny*, bouches du Niger, le *Niger inf.* et le *Benoué*, côte de *Bénin*, et *Lagos;*

La côte des *Esclaves*, au S. du Dahomey, c. Abomey;

La côte d'*Or*, au S. du royaume des Aschantis, c. Coumassie;

La côte d'*Ivoire*, sur laquelle l'*Angleterre* a Christianborg et Cap Corse; la *France*, Porto-Novo, Assinie et Grand-Bassam, l'*Allemagne*, le pays de Togo, à l'O. de Whydah;

La côte des *Graines* avec la République nègre de *Libéria*, c. Monrovia (3,000 h.). 24,800 k. c. et 770,000 h.

31. **SOUDAN.** Sur le haut Niger et le lac Tchad, s'étendent des États nègres : le *Ouadaï*, c. Ouara; le *Béghармі*, c. Masena; le *Bournou*, c. Kouka; le *Sokoto*, c. Sokoto; le *Borgou*, c. Boussa; le *Tombouctou*, c. Tombouctou; le *Bambarra*, c. Ségou, etc. — Popul. : envir. 40,000,000 d'h.

32. **SIERRA LEONE.** c. *Freetown*, où les Anglais établissent les esclaves enlevés à la traite.

33. **SÉNÉGAMBIE.** La Sénégambie comprend les poss. portugaises, c. *Cacheo;* anglaises, c. *Bathurst;* françaises, c. *Saint-Louis du Sénégal*, v. p. Dakar, reliée à St-Louis par un chemin de fer; espagnoles, *Rio do Ouro;* et anglaises, *Saint-Barthélemy*.

34. **SAHARA.** Le désert du *Sahara* est parcouru à l'O. par les Maures; au centre, par les Touaregs; à l'E., par les Tibbous.

35. **RACES.** Les populations du sud de l'Afrique appartiennent à la *race nègre* (160 millions envir.); celles du nord à la *race blanche;* on trouve des *Akkas* ou nains entre le Congo et le lac Albert. Les Abyssins et les Arabes descendent de Sem; les Égyptiens et les nègres, de Cham.

QUESTIONNAIRE. 1. *Indiquez les bornes de l'Afrique;* 2. ... *les golfes et les caps;* 3. ... *les îles à l'O.;* 4. ... *à l'E.;* 5. ... *les montagnes au N.-E;* 6. ... *au S.-O.,* 7. ... *les fleuves.* 8. *Décrivez le Nil;* 9. ... *le Zambèze et le Limpopo;* 10. ... *les fleuves de l'ouest (Orange, Congo, Ogôoué, Niger, Gambie, Sénégal);* 11. ... *les lacs.*

12. *Décrivez le Sahara;* 13. *Combien d'États?* 14. *Quelques mots sur le Maroc;* 15. ... *l'Algérie;* 16. ... *Tunisie;* 17. ... *Tripoli;* 18-19. ... *Égypte;* 20. ... *Soudan éthiopien;* 21. ... *Abyssinie;* 22-23 ... *Zanguebar et Mozambique;* 24. ... *Madagascar.* 25. *Quelques mots sur les Répub. du sud.*

26. *Quelques mots sur la Cafrerie;* 27. ... *le Cap;* 28. ... *la Cimbébasie;* 29. ... *la Guinée inférieure;* 30. ... *la Guinée supérieure;* 31. ... *le Soudan;* 32. ... *la Sierra-Leone;* 33. ... *la Sénégambie;* 34. ... *le Sahara;* 35. ... *la population.*

On peut se procurer le texte nouveau, tiré à part, chez l'Éditeur.

# AMÉRIQUE DU NORD

AMÉRIQUE SEPTENTRIONALE.

1. BORNES. L'Amérique du Nord est bornée à l'O., par le Grand Océan ; au N., par l'Océan Glacial ; à l'Est, par l'Océan Atlantique ; au S., par la mer des Antilles et l'isthme de Panama. Elle compte 96,000,000 d'h. et 23,000,000 de k. c.

La largeur de l'Amérique, sur le chemin de fer du Pacifique, est de 5,000 kil. On la traverse en six ou sept jours.

NOTIONS PHYSIQUES.

2. MERS ET GOLFES. On trouve à l'O., la *mer Vermeille* ou golfe de Californie, la baie de San-Francisco et la *mer de Behring* ; au N., le bassin de Melville, la *mer de Baffin* et la mer ou *baie d'Hudson*.

A l'Est, le golfe du Saint-Laurent et les baies de Fundy, de la Delaware et de Chesapeake ; au S., les *golfes du Mexique* et de Honduras, et la *mer des Antilles*.

3. DÉTROITS. Les *détroits principaux* de l'Amérique du Nord sont : à l'O., le *détroit de Behring* ; au N., les détroits de Lancastre, de Davis et d'*Hudson* ; à l'E., le détroit de Belle-Ile ; au S., le *détroit de la Floride* et le canal de Yucatan.

4. ILES. On trouve à l'O., la grande île de *Vancouver* et les archipels de la Reine-Charlotte, du Prince de Galles et du Roi-Georges ; au N., les terres arctiques et le *Groenland* ; à l'E., les îles de *Terre-Neuve*, d'Anticosti et du cap Breton ; les îles Saint-Pierre et Miquelon, *Long-Island* et les Bermudes ;

Au sud, les Lucayes ou Bahama, les grandes Antilles (*Cuba, La Jamaïque, St-Domingue* et *Porto-Rico*), et les petites Antilles, entre autres la Guadeloupe et la Martinique, la Dominique et Ste-Lucie, St-Vincent, la Grenade et la Trinité.

5. PRESQU'ILES. L'Amérique du Nord offre les *presqu'îles* de Basse-Californie et d'Alaska, à l'O. ; de Boothia-Félix, de Melville et du Labrador, au N. ; de la Nouvelle-Ecosse ou Acadie, à l'E. ; de la Floride et du Yucatan, au S.

6. ISTHMES. Deux *isthmes* principaux séparent l'Océan Pacifique de la mer des Antilles et du golfe du Mexique, l'isthme de Panama et l'isthme de Tehuantepec, à l'O. du Yucatan.

On creuse en ce moment, dans l'isthme de Panama, un canal de navigation (75 k.), qui unira Colon et Panama.

7. CAPS. Les principaux caps de l'Amérique septentrionale sont : à l'O., le cap San-Lucas et le cap *Occidental*, appelé aussi cap du Prince de Galles ; au N -E , le cap *Farewell* et le cap North ; à l'E., le cap *Race* et le cap Cod, le cap Hatteras et le cap Sable ou Agi.

8. MONTAGNES. L'Amérique septentrionale est traversée du N. au S. par la chaîne des *montagnes Rocheuses*. Cette chaîne se prolonge par la Cordillère du Mexique et du Guatemala, jusqu'à l'isthme de Panama.

Plus à l'E., on trouve deux chaînes parallèles, dites les *montagnes Bleues* et les *monts Alleghany*. La *Sierra Nevada* se développe à l'O. des montagnes Rocheuses, entre l'Orégon et le cap San-Lucas.

9. VOLCANS. On trouve au N.-O. le *volcan du mont Élie*. Au S., les volcans sont nombreux dans la Cordillère. On peut citer le *Popocatepetl* et celui d'*Orizaba*, non loin de Mexico.

10. VERSANTS. L'Amérique du Nord se divise en *quatre versants*, formés par une suite de collines peu élevées, qui relient les montagnes Rocheuses d'une part au cap Charles, de l'autre aux monts Alleghany. Ce sont le versant de l'O., le versant du N., le versant de l'E. et le versant du S.

11. FLEUVES. Le Rio *Colorado*, le Rio Sacramento, l'Orégon et l'Yucon arrosent le versant de l'O. ; le Rio *Sacramento* tombe dans la baie de San-Francisco, principal port des États-Unis sur l'Océan Pacifique.

Le *Mackenzie* et le Nelson arrosent le versant du N. et se jettent, l'un dans l'Océan Glacial, l'autre dans la baie d'Hudson.

12. Le *St-Laurent* et l'Hudson arrosent le versant de l'E. Le premier descend du lac supérieur, traverse les lacs Huron et Erié, tombe par la rivière de Niagara dans le lac Ontario, baigne Toronto, Montréal et Québec ; le deuxième sort des monts Alleghany et finit à New-York, le plus grand port de l'Amérique, sur l'Océan Atlantique.

13. Le *Mississipi* et le Rio del Norte arrosent le versant du S. Le Mississipi baigne St-Louis et la Nouvelle-Orléans et finit dans le golfe du Mexique. Il reçoit à droite le *Missouri*, l'Arkansas et le la rivière Rouge, et à gauche l'Ohio, qui baigne Cincinnati.

Le Mississipi et le Missouri ont ensemble un cours de 7,300 kil. ; le Mississipi seul, de 5,000 kil. ; le Missouri seul, de 5,200 kil. ; le Mississipi inférieur, 2,000 kil

14. LACS. Les *principaux lacs* sont : à l'O., le lac Salé, où les Mormons ont fondé la *Ville du lac Salé* ; au N., les lacs Athabaska, de l'Esclave et du grand Ours, tributaires du Mackenzie ; le lac Winipeg, qui s'écoule par le Nelson dans la baie d'Hudson ; à l'E., les lacs *Supérieur, Michigan, Huron, Erié, Ontario*, qui se déchargent par le St-Laurent ; au S., le lac de Nicaragua.

15. CHUTE DE NIAGARA. C'est entre les lacs Erié et Ontario que se trouve la belle *chute de Niagara* (48m), large nappe d'eau divisée en deux bras de 550m et de 335m par l'île de la Chèvre. La plus large décrit une courbe en fer à cheval, sur la rive canadienne.

NOTIONS POLITIQUES.

16. DIVISION. Les États de l'Amérique septentrionale se rapportent à neuf groupes politiques :

17 POSSESSIONS DANOISES. Le Danemark possède au N., le *Groenland*, pays la plus grand couvert de glaces, c. Julianshaab ; et au S., trois îles dans les Antilles ; la principale est St-Thomas.

18. POSSESSIONS ANGLAISES. L'Angleterre possède au N. : 1° la Nouvelle-Bretagne ou *Puissance* du Canada, cap. Ottawa (40,000 h.). C'est une confédération de sept provinces, cinq districts et deux territoires. Pop. 5,000,000 d'h.

La partie septentrionale de la Nouvelle-Bretagne est une région glacée, qui procure de belles fourrures et des bois de construction.

19. L'Angleterre possède en outre, en dehors de la *Puissance du Canada* :

2° Terre-Neuve, c. *St-Jean* ; — Pop. : 193,000 h.
3° le Labrador, au Nord-Est ;
4° les îles Bermudes, c. *Hamilton* ;
5° les Lucayes ou Bahama, c. *Nassau* ;
6° la Jamaïque, c. *Kingston* ;
7° les petites Antilles anglaises, comme la Dominique, Ste-Lucie, etc. ;
8° la colonie de *Bélize*, dans le Honduras.

20. ÉTATS-UNIS. Les États-Unis forment une vaste confédération de 44 États et de 5 territoires, dont la capitale est Washington (150,000 h.).

Les principaux ports sont : Boston, *New-York* (1.200.000 h.), Philadelphie (850,000 h.), la Nouvelle-Orléans et San-Francisco, qui est reliée à New-York par le chemin de fer de l'Océan Pacifique.

Les États-Unis ont acheté à la Russie le territoire d'Alaska, appelé autrefois Amérique Russe. Le chef-lieu de ce pays est *Sitka*, appelée autrefois Nouvelle-Arkhangel, située dans une île de l'archipel du Roi Georges.

21. L'industrie et le commerce sont très développés aux États-Unis. Les mines d'or de la Californie et des montagnes Rocheuses y attirent de nombreux colons. — Popul : 65.000.000 d'h.

22. MEXIQUE. Le Mexique est une République qui a pour capitale Mexico (330,000 h.). C'est un pays riche en mines d'or et d'argent, très chaud et malsain sur les côtes, mais plus salubre sur le plateau intérieur. — Popul. : 12,000,000 d'h.

23. AMÉRIQUE CENTRALE. Au sud du Mexique, on trouve cinq petites Républiques toujours agitées : réunies par l'alliance du 15 Octobre 1889.
1° le *Guatemala*, c. Guatemala ; . . . pop. 1,460,000 h.
2° le *San-Salvador*, c. San-Salvador ; . pop. 663,000 h.
3° le *Honduras*, c. Tegucigalpa ; . . pop. 380,000 h.
4° le *Nicaragua*, c. Managua ; . . . pop. 283,000 h.
5° le *Costa-Rica*, c. San-José ; . . . pop. 214,000 h.

Ces Républiques comptent environ : 3.000,000 d'h. *Guatemala*, la plus grande de ces villes, compte 70,000 h. Tecucigalpa se trouve un peu au sud de Comayagua, l'ancienne capitale.

24. POSSESSIONS ESPAGNOLES. L'Espagne possède la belle et grande île de *Cuba*, c. la Havane (200,000 h.), et l'île de *Porto-Rico*, c. San-Juan (30,000 h.), et quelques autres petites îles. — Popul.: 2,300,000 h. environ, dont 1,550,000 pour Cuba et 750,000 pour Porto-Rico.

25. POSSESSIONS FRANÇAISES. La France possède : 1° les îles *St-Pierre et Miquelon*, près de Terre-Neuve ; 2° dans les Antilles, la *Guadeloupe*, c. Basse-Terre, la *Martinique*, c. Fort-de-France ; la partie nord de Saint-Martin et l'île St-Barthélemy, que la Suède lui a rétrocédée. — Popul. : 365,000 h.

26. POSSESSIONS HOLLANDAISES. Les Pays-Bas possèdent *St-Eustache* et la partie sud de St-Martin.

27. SAINT-DOMINGUE. L'île St-Domingue offre deux Républiques nègres : la *République Haïtienne* ; popul : 960,000 h., c. Port-au-Prince (60,000 h.), et la *République Dominicaine* ; popul.: 447,000 h., c. St-Domingue (20,000 h.).

28. RACES. Les habitants de l'Amérique Septentrionale forment deux groupes ethnographiques : 1° les Indiens ou *Peaux-Rouges*, environ 6,500,000 ; 2° les descendants des colons européens, Anglais, Allemands, Espagnols et Français, etc. environ 90,000,000. Sur ce nombre, 27,000,000 professent la religion catholique.

QUESTIONNAIRE. 1. Indiquez les bornes de l'Am. Sept. ; 2. ... les mers et golfes ; 3. ... les détroits ; 4. ... les îles ; 5. ... les presqu'îles ; 6. ... les isthmes ; 7. ... les caps ; 8. ... les montagnes ; 9. ... les volcans. — 10. Indiquez les versants ; 11. ... les fleuves, à l'O., et au N. ; 12. ... ceux de l'E. ; 13. ... ceux du sud ; 14. ... les lacs ; 15. ... une chute d'eau remarquable ; 16. ... combien de groupes politiques ; 17-21. ... les États-Unis. 19. ... anglaises ; 20-21. ... les États-Unis. — 22. Quelques mots sur le Mexique ; 23. ... sur l'Amérique centrale ; 24. ... les pos. espagnoles ; 25. ... les pos. françaises ; 26. ... les pos. hollandaises ; 27. ... sur les Rép. de l'île St-Domingue ; 28. ... sur l'ensemble de la population.

AMÉRIQUE DU NORD PHYSIQUE ET POLITIQUE.

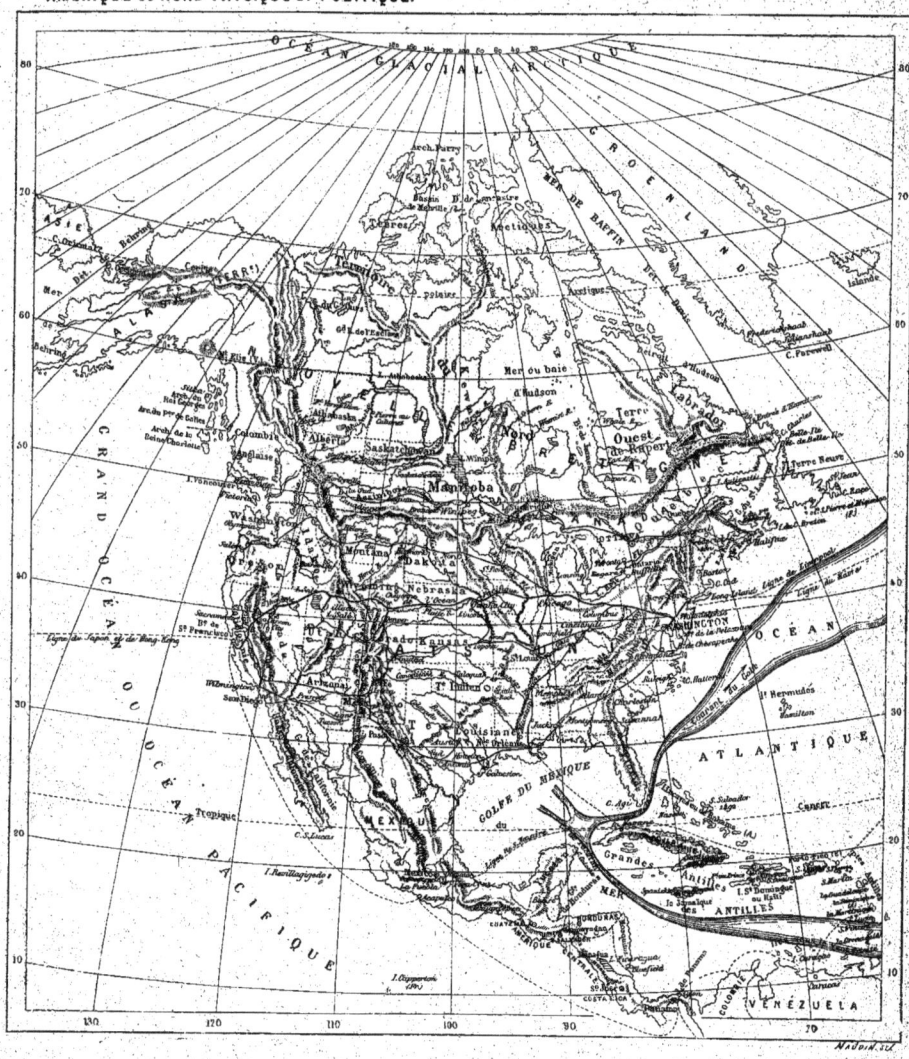

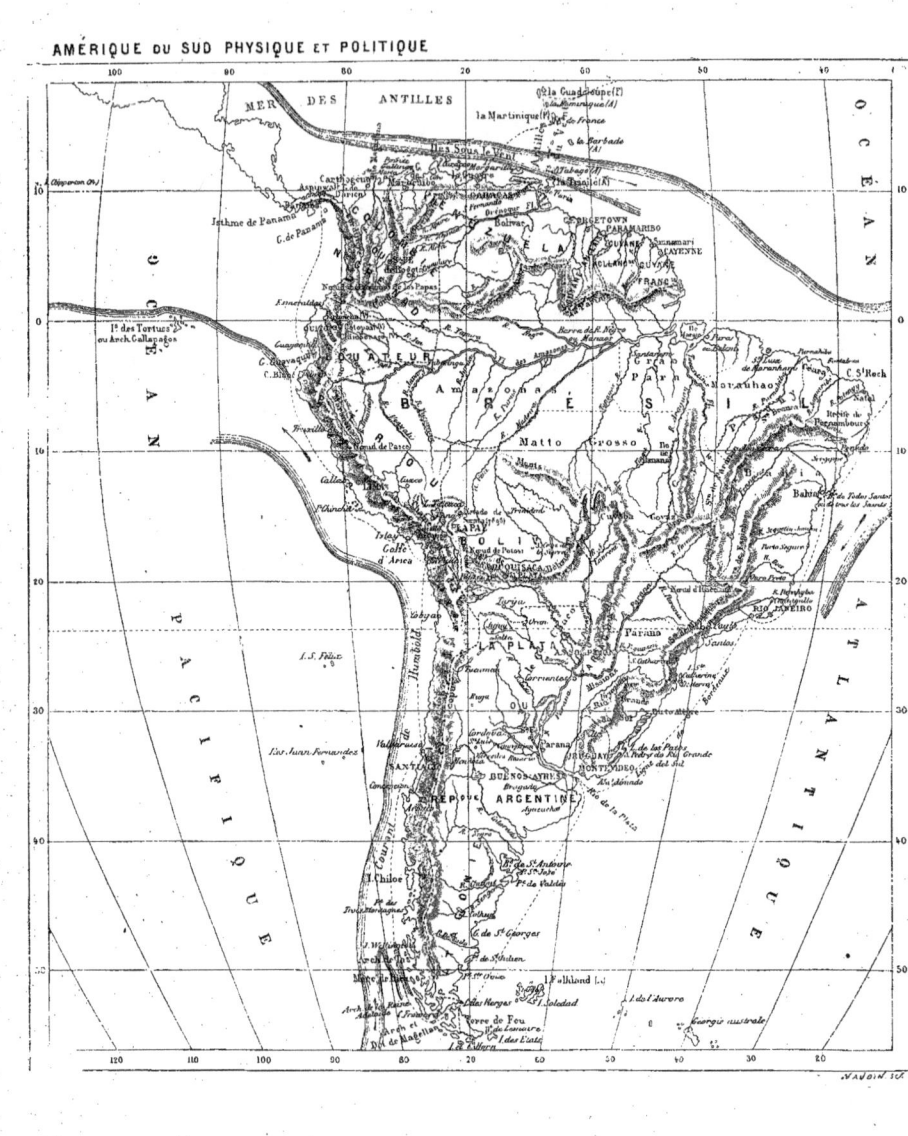

AMÉRIQUE MÉRIDIONALE.

1. BORNES. L'*Amérique du Sud* est bornée à l'O. par l'Océan Pacifique et l'Isthme de Panama; au N.-E. par la mer des Antilles; au S.-E. par l'Océan Atlantique. Elle est de forme triangulaire, et se termine au sud en pointe, comme l'Afrique.

L'Amérique du Sud est comprise entre les degrés 37° et 83° de long. occid.; le degré 11° de lat. boréale et le degré 56° de lat. australe.

NOTIONS PHYSIQUES.

2. GOLFES ET BAIES. Le littoral de l'Amérique du Sud est peu accidenté. La mer forme à l'O., le golfe d'*Arica*, la baie ou golfe de *Guayaquil* et le golfe de *Panama*; au N.-E., les golfes de *Darien*, du Vénézuela ou *Maracaïbo* et de *Paria*, et l'Estuaire de l'Amazone; au S.-E., la baie de *Tous-les-Saints*, la lagune de *Los Patos*, l'Estuaire du Rio de la Plata, la baie de *Saint-Antoine* et le golfe de *Saint-Georges*.

3. DÉTROITS. On trouve, au Sud de l'Amérique, le *détroit de Magellan*, découvert par Magellan en 1519, entre la Patagonie et la Terre de Feu; et le *détroit de Lemaire*, découvert par Lemaire en 1616, entre la Terre de Feu et la Terre de Etats.

Les vapeurs mettent 33 heures à traverser le détroit de Magellan. Le Chili y a fondé Punta Arenas.

4. ILES. Les *îles* de l'Amérique méridionale sont : à l'O., l'arch. de la Mère de Dieu, l'île *Chiloé* et les îles Juan Fernandez (*Robinson Crusoé*), les îles Saint-Félix, les îles *Cincha*, riches en gisements de guano, et les îles Gallapagos ou des Tortues et l'île *Clipperton*, qui appartient à la France.

5. *Au N.*, l'arch. du Vénézuela, où les îles Sous le Vent, *Curaçao*, *Sainte-Marguerite* (*Holl.*) et la Trinité (*Angl.*). *Au S.*, la Géorgie Australe, l'île de l'Aurore, les îles Falkland ou Malouines (*Angl.*), la Terre de Feu, la Terre des États et l'île Diego.

6. CAPS. Les *principaux caps* de l'Amérique du Sud sont : à l'O., le cap *Blanc*; au N., la pointe *Gallinas*; à l'E., le *St-Roch*; au sud, le cap *des Vierges* et le cap *Horn*.

7. MONTAGNES. Le long de la côte occidentale court la *cordillère* ou grande chaîne des *Andes*, hérissée de pics volcaniques. Les principaux volcans sont le *Pichincha* (4.866ᵐ), le *Cotopaxi* (5,758ᵐ), et le *Chimborazo* (6,310ᵐ), non loin de Quito, dans l'Équateur; le volcan d'*Arequipa* au Pérou.

8. CONTREFORTS. De la grande chaîne des Andes se détachent au N. la *Cordillère orientale* et la *Parime*; vers le centre, les monts de Bolivie et du Brésil. Les monts du Brésil viennent former au N.-O. de Rio de Janeiro le *nœud d'Itacolumi*.

9. PLATEAU DE BOLIVIE. A la jonction des Andes et des monts de Bolivie se trouve le *plateau de Bolivie*, au sommet duquel est placé le lac de Puno ou Titicaca. C'est à l'est de ce lac que s'élèvent le *Nevado de Sorata* (6,650ᵐ), et le *Nevado d'Illimani* (6,410ᵐ); l'*Aconcagua* (6,830ᵐ), au Chili, est le point culminant des Andes (6,830ᵐ).

On donnait autrefois de plus grandes hauteurs à ces montagnes. Ces mesures sont difficiles et encore peu sûres.

10. FLEUVES. Sur le littoral occidental, on ne peut guère citer que le *Rio Guayaquil*; au N., nous trouvons le *Rio Magdalena*, qui laisse à sa droite Santa-Fé-de-Bogota; l'*Orénoque*, qui baigne Bolivar, et le fl. des *Amazones*, qui communique avec l'Orénoque par le *Cassiquiare* et le *Rio Negro*.

11. AMAZONE. Le fl. *des Amazones*, qui prend sa source au nœud de Pasco, descend des Andes par deux cours d'eau, le *Marañon* ou *Tunguragua* et l'*Ucayali*; après leur jonction, il court vers l'E., baigne Nanaos et Santarem, et finit, après un cours de 6,500 k., en face de l'île Marajo. Ses principaux affluents, à droite, sont le *Rio Madeira*, qui arrose la Bolivie, et le *Rio Tocantins*, qui baigne Pará ou Belem (35,000 h.), et que l'on peut considérer comme un fleuve distinct.

12. Au S.-E., on trouve le *Rio San-Francisco*; puis le *Rio de la Plata*, formé de l'Uruguay, du Parana et du Paraguay. L'*Uruguay* baigne Salto; le *Parana* baigne Corrientes et Parana; le *Paraguay* baigne l'Assomption; la *Plata* baigne Buenos-Ayres et finit en face de Montevideo. Le Paraguay reçoit le *Pilcomayo*, qui coule au S. de *Chuquisaca*, capitale de la Bolivie, et va lui offrir un nouveau débouché vers la mer.

13. On trouve encore au S. le *Rio Colorado* et le *Rio Negro*, dans l'ancienne Patagonie.

NOTIONS POLITIQUES.

14. DIVISION. L'Amérique du Sud se divise en treize régions politiques, dont :

Cinq au N. : la *Nouvelle-Grenade* ou *États-Unis de Colombie*, le *Vénézuela* et les trois *Guyanes*;

Quatre à l'O. : l'*Équateur*, le *Pérou*, la *Bolivie* et le *Chili*;

Quatre à l'E. : le *Brésil*, l'*Uruguay*, le *Paraguay* et la *Plata*.

15. NOUVELLE-GRENADE. La *Nouvelle-Grenade* ou *Colombie* a pour capitale *Santa-Fé-de-Bogota* (96,000 h.); v. p. *Panama* (28,000 h.), relié à Colon ou Aspinwall par un chemin de fer, et *Cartagène*, ports importants. — Pop. 3,400,000 d'h.

On croyait ce moment le canal de Panama, qui unira l'Océan Atlantique à l'Océan Pacifique, en traversant le coi de la Culebra, élevé de 82ᵐ. Sa longueur sera de 75 kil.

16. VÉNÉZUELA. Le *Vénézuela* a pour capitale *Caracas* (47,000 h.), dont le port est la Guayra; v. p. *Maracaibo* (22,000 h.), sur le lac du même nom, et *Bolivar* (11,000 h.). — Pop. 2,100,000 h.

17. GUYANES. Au sud-est du Vénézuela sont situées les trois *Guyanes* : 1° la *Guyane anglaise*, c. *Georgetown* ou *Demerara*. — Pop. 282,000 h.; 2° la *Guyane hollandaise*, c. *Paramaribo* (27,000 h.). — Pop. 70,000 h.; 3° la *Guyane française*, c. *Cayenne* (6,000 h.), lieu de déportation, aujourd'hui presque abandonné à cause de son insalubrité. — Pop. 27,000 h.

18. ÉQUATEUR. L'*Équateur* a pour cap. *Quito* (80,000 h.), ville bâtie au milieu des Andes, à 2,850ᵐ d'alt. ; v. p. *Guayaquil* (40,000 h.), port de commerce. — Pop. 1,300,000 h.

Les îles des Tortues appartiennent à l'Équateur et le *Rio Napo* lui sert de route pour atteindre l'Amazone et traverser le continent, il est divisé en 12 provinces.

19. PÉROU. Le *Pérou* a pour capitale *Lima* (122,000 h.), dont le port est Callao. Le pays est riche en mines d'or et d'argent; mais elles sont peu exploitées. — Pop. 2,700,000 h. Ce pays est sujet à de terribles tremblements de terre. Il a cédé la province de *Tarapaca* au *Chili* (mai 1883).

La Sama marque la limite jusqu'en 1894. A cette époque, ce sera la *Quebrada de Camarones*.

20. BOLIVIE. La *Bolivie* ou *Haut Pérou* a pour capitale *Chuquisaca* ou la *Plata*, appelée aussi *Sucre* ou *Charcas* (20,000 h.), v. p. *La Paz*, sur le plateau de Bolivie (40,000 h.), à 3,717ᵐ d'altit.

La Bolivie a perdu *Cobija*, qui était son seul port sur l'Océan, et tout son territoire sur la côte. — Pop. 1,2000,000 d'h. Elle forme 8 départements.

21. CHILI. Le *Chili* a pour capitale *Santiago* (190,000 h.), relié par un chemin de fer à Valparaiso (105.000 h.), port sur l'Océan. Le Chili s'est agrandi en 1883 : 1° d'une province de la *Bolivie*, c. *Cobija*; 2° d'une prov. du Pérou, c. *Tarapaca*, jusqu'au *Camarones* (un peu au sud d'*Arica*); 3° de la côte de la *Patagonie*, à l'O. des Andes, des rives du détroit de *Magellan* et de la côte orientale de la *Terre de Feu*. — Pop. 3,300,000 h.

C'est une longue côte, divisée en 21 provinces.

22. BRÉSIL. Le Brésil a pour cap. *Rio Janeiro* (500,000 h.), un des plus beaux ports du monde; v. p. *Bahia* ou *San-Salvador*, bâtie sur la baie de *Tous-les-Saints* (80,000 h.), et *Pernambuco* (190,000 h.), port fortifié. Les Transatlantiques de Bordeaux touchent en passant à ces trois villes. Le Brésil produit beaucoup de café. — Popul. 14,000,000 d'habit., dont cinq de race blanche.

Le Brésil est divisé en 20 provinces.

23. URUGUAY. L'*Uruguay* a pour cap. *Montevideo* (175,000 h.). Cette République portait autrefois le nom de *Bande Orientale*. — Pop. 700,000 h.

24. LE PARAGUAY. Le *Paraguay* a pour cap. l'*Assomption* (16,000 h.). Ce pays est célèbre par les missions que les Jésuites y avaient fondées. Par décision arbitrale du Président des États-Unis, il a acquis sur la rive droite du Paraguay une partie du Grand-Chaco. — Pop. 500,000 h.

25. LA PLATA. La *République Argentine* ou de la *Plata*, a pour cap. *Buenos-Ayres* (434,000 h.), seconde ville de l'Amérique du Sud, où s'arrêtent les paquebots de Bordeaux. La République a acquis la *Patagonie* à l'est des Andes, et la côte orientale de la Terre de Feu. Pop. 3,500,000 h.

La Patagonie et la Terre de Feu ont été partagées entre le Chili et la Plata. La Terre de Feu a reçu le nom de Magellan, qui avait vu sur les glaces de nombreux reflets de lumière.

Cette République est divisée en 14 États et 9 territoires.

26. ILES DU SUD. Les Anglais occupent au N.-E. de la Terre de Feu les îles Falkland ou Malouines, c. *Stanley*, dans l'île Soledad; mais elles sont réclamées par la République Argentine.

Les îles et terres australes sont inhabitées.

27. GOUVERNEMENT, etc. Les treize États de l'Am. du Sud forment des républiques analogues à la République des États-Unis du Nord.

Dans les *Guyanes*, on parle l'anglais, le hollandais ou le français. Le *Brésil* conserve la langue du Portugais qui l'avait colonisé. Dans les neuf autres États, l'espagnol est la langue dominante.

Cependant quelques peuplades parlent des langues américaines. Telle sont les Guaranis dans le Paraguay. Le catholicisme est la religion de ces États, sauf dans les Guyanes anglaises et hollandaises.

28. POPULATION. L'Amérique du Sud compte 31,000,000 d'h. répandus sur 18,000,000 de k. c. La majeure partie provient des colons européens; le reste, des indigènes et des nègres mélangés avec les autres races.

QUESTIONNAIRE. 1. *Donnez les bornes de l'Amérique méridionale;* 2. ... *les golfes et baies;* 3. ... *les détroits;* 4.–5. ... *les îles;* 6. ... *les caps;* 7.–8. ... *les montagnes;* 9. ... *le plateau de Bolivie;* 10. ... *les fleuves,* 11. *Donnez le cours de l'Amazone;* 12. ... *le cours de la Plata;* 13. ... *les autres fleuves.* 14. *Indiquez les États;* 15. ... *la Nouvelle-Grenade;* 16. ... *le Vénézuela;* 17. ... *les Guyanes;* 18. ... *l'Équateur;* 19. ... *le Pérou;* 20. ... *la Bolivie.* 21. *Quelques mots sur le Chili;* 22. ... *le Brésil;* 23. ... *sur l'Uruguay;* 24. ... *sur le Paraguay;* 25. ... *sur la République Argentine;* 26. ... *sur les îles du Sud;* 27. ... *sur la forme du gouvernement;* 28. ... *sur la population générale.*

OCÉANIE.

NOTIONS PHYSIQUES.

1. POSITION. L'*Océanie*, ou 5ᵉ partie du monde, est située au S.-E de l'Asie, entre l'Océan Indien à l'ouest et l'Océan Pacifique à l'est. Elle comprend l'*Australie*, qui peut recevoir le nom de *continent austral*, à raison de son étendue (7,750,000 k. c.), et une *multitude d'îles* dispersées au N. et à l'E. de l'Australie. On lui attribue 40,000,000 d'hab. et 11,000,000 de k. c.

2. ORIGINE. L'Océanie paraît devoir son origine à une action *volcanique*, du moins pour les *îles dont le sol est assez élevé au-dessus de la mer*. Les *îles basses* reposent sur des récifs de corail, œuvre et habitation d'animaux appelés *polypes*.

3. ASPECT PHYSIQUE. L'Océanie jouit d'un *climat tempéré*, bien qu'elle soit située dans la zone torride; la *végétation* y est admirable et se rapproche de celle de l'Asie méridionale. Les *îles élevées* présentent de nombreux volcans, qui couronnent des chaînes de montagnes. Les *îles basses*, au contraire, ont d'ordinaire à l'intérieur des lagunes, que les dépôts, accumulés par la mer autour des bancs de corail, n'ont point comblées.

4. DÉTROITS. Ces myriades d'îles présentent de nombreux détroits. Les principaux sont les détroits de *Malacca*, de la *Sonde*, de *Torrès*, de *Bass* et de *Cook*.

NOTIONS POLITIQUES.

5. RÉGIONS. On partage l'Océanie en quatre régions : 1° la *Malaisie*, habitée par les Malais, au teint brun-rougeâtre; 2° la *Mélanésie*, habitée par des nègres; 3° la *Micronésie*, habitée par des peuplades de race jaune mélangées aux Malais; 4° la *Polynésie*, habitée par la race olivâtre polynésienne.

1° MALAISIE.

6. DIVISION. La *Malaisie* comprend les îles Philippines, Bornéo, les îles de la Sonde, Célèbes et les Moluques.

7. PHILIPPINES. Les *Philippines*, soumises à l'Espagne, ont pour cap. *Manille* (262,000 h.), dans l'île Luçon. Ce bel archipel, riche en mines d'or, compte de 4 à 5 millions d'hab.

8. BORNÉO. *Bornéo* est une île plus vaste que la France. Elle est située sous l'équateur et compte environ 4 millions d'habitants. La partie N.-O. est indépendante. On y remarque le royaume de Bornéo, c. *Bornéo*, la Venise de la Malaisie (12,000 h.). La partie méridionale, la pr. ville est *Bandjermassing*, est soumise aux *Hollandais*, qui en tirent de beaux diamants. Les Anglais s'établissent au N.-E. de l'île, et occupent à l'O., près de Bornéo, l'île Labouan, riche en mines de houille. Les singes abondent sur tous les points de Bornéo.

9. ILES DE LA SONDE. A l'O. et au S. de Bornéo s'étendent les *îles de la Sonde*, soumises à la Hollande. Ce sont : *Sumatra*, *Java*, *Bali*, *Lombok*, *Sumbawa*, *Flores*, etc. La dernière, *Timor*, est soumise à l'O. aux *Hollandais*, à l'E. aux Portugais. Elles sont toutes montagneuses.

10. SUMATRA. Dans l'île Sumatra, *Padang* (25,000 h.) est la résidence du gouverneur hollandais. Le N.-O. est encore peu soumis. L'île a 1700 k. de longueur et 4,500,000 h.

11. JAVA. Java, c. *Batavia* (100,000 h.) a 1000 k. et 20,000,000 d'h. Batavia est la cap. des possessions hollandaises dans les Indes. Ces îles fournissent de la gutta-percha, du charbon, etc.

12. CÉLÈBES. *Célèbes* est une grande île découpée en trois presqu'îles (2,000,000 d'h.). Le gouverneur hollandais réside à *Macassar*.

Célèbes et les petites îles de la Sonde sont dans une mer plus profonde que leurs voisines de l'ouest.

13. MOLUQUES. Cet archipel comprend les *grandes Moluques* (Gilolo, Céram, Amboine, Bourou, etc.) et les *petites Moluques* (Ternate, Botchian, etc.). Celles-ci sont situées à l'O., et près de l'île Gilolo. La cap. est *Amboine* (8,000 h.). Les Hollandais en tirent des épices (cannelle, muscade, etc.).

Les possessions hollandaises comptent 27,000,000 d'h.

2° MÉLANÉSIE.

14. RACES. La *Mélanésie* tire son nom des races nègres qui en forment la population indigène. Ce sont les *Papous* au N.-O., les *Andamènes* en Australie, les *nègres-océaniens* au N.-E. Ces nègres sont anthropophages et dégradés, surtout en Australie. Les *Papous* habitent les Moluques et la Nouvelle-Guinée; les *nègres-océaniens* habitent la Nouvelle-Bretagne, les îles Salomon, les Nouvelles-Hébrides, les îles Fidji et la Nouvelle-Calédonie.

15. NOUVELLE-GUINÉE. La *Nouvelle-Guinée* est une île longue de 2,500 k., et terminée par deux presqu'îles. Elle est encore inconnue à l'intérieur. On y aperçoit de hautes montagnes, qui continuent celles des îles de la Sonde.

La Hollande occupe l'O. jusqu'au 139° de longitude; l'*Angleterre*, le S.-E.; l'*Allemagne*, le N.-E., avec les îles Bismark (îles de la Nouvelle-Bretagne et de la Nouvelle-Irlande). Pop. 300,000 h.

16. AUSTRALIE. L'*Australie* ou Nouvelle-Hollande est une vaste terre, équivalente en étendue aux trois quarts de l'Europe. La chaîne des Montagnes Océaniennes s'y prolonge sous les noms de *Montagnes Bleues* au N.-E., d'*Alpes Australiennes* au S.-E., de *Montagnes Noires* ou *Pyrénées* du S. Elle est arrosée par le fleuve *Murray*, qui a un cours de 1500 k. On y trouve plusieurs lacs, entre autres les lacs Torrens et Eyre, des plaines rocheuses, etc.

L'Australie est sillonnée du S.-E. par de nombreux chemins de fer; Adélaïde est reliée à Palmerston par une ligne télégraphique, qui communique avec l'Europe.

17. HABITANTS. La population indigène ne cesse de diminuer, tandis que l'immigration y amène la population européenne. Les pénitenciers, qui y fut établi alors, fut ensuite transféré dans la Tasmanie. Les colons anglais forment aujourd'hui six groupes coloniaux.

18. COLONIES. Les colonies anglaises sont :

1° l'AUSTRALIE OCCIDENTALE, c. *Perth* (10,000 h.). Popul. : 35,000 h.;

2° l'AUSTRALIE MÉRID. c. *Adélaïde* (120,000 h.). — Popul. 350,000 h.;

3° l'AUSTRALIE HEUREUSE OU VICTORIA, c. *Melbourne* (440,000 h.). — Popul. (440,000 h.).

4° la NOUVELLE-GALLES DU SUD, cap. *Sydney* (370,000 h.). — Popul. :1,130,000 h.;

5° le QUEEN'S LAND (Terre de la Reine), c. *Brisbane* (84,000 h.). — Popul. : 407,000 h.

L'Australie septentrionale, c. *Victoria*, sur le port Essington; v. p. Palmerston, dépend de l'Australie méridionale.

Un établissement nouveau se fonde au centre de l'Australie, sous le nom d'*Alexandra Land*.

6° la TASMANIE, ou île Van-Diemen, a pour cap. *Hobart-Town*. Elle a perdu toute sa population indigène de nègres papous. — Pop. : 152,000 h.

19. PRODUCTIONS. L'Australie est riche en mines d'or, d'argent, et autres métaux; elle produit le café, la canne à sucre, l'indigo, etc.; elle nourrit de nombreux troupeaux. Ses animaux diffèrent entièrement de ceux des autres pays. Les plus remarquables sont le *kangourou* et l'*ornithorynque*. Parmi les arbres qui y croissent, l'*eucalyptus* est le plus précieux.

L'Australie compte 2,300,000 h. et 7,750,000 k. c.

20. NOUVELLE-CALÉDONIE. La *Nouvelle-Calédonie* est une île montueuse de 360 k. de long. sur 48 à 60 de largeur. Sa cap. est *Nouméa* (6,000 h.). La France en a pris possession en 1853, ainsi que de l'*Ile des Pins* et de l'arch. *Loyalty*.

Le pays est sain et fertile; on y trouve des mines de houille, de nickel, de fer, et même des mines d'or. C'est là que se trouvent aujourd'hui réunis les condamnés à la déportation. La population y est d'environ 75,000 h., dont les trois quarts sont les indigènes appelés *Canaques*.

Les colons européens sont au nombre de 7,000.

21. ILES FIDJI. L'Angleterre occupe le groupe des *îles Fidji* (130,000 h.); les deux princip. sont Viti-Levou et Vanua-Levou. Les autres groupes : les *Nouvelles-Hébrides* et les îles *Salomon*, ne manquent pas d'importance; on y exploite d'abondants minerais. C'est dans ces parages, près de l'île *Vanikoro*, qu'est mort La Pérouse, en 1788.

3° MICRONÉSIE

22. LA MICRONÉSIE comprend les archipels de *Magellan*, d'*Anson*, de *Marshall*, de *Gilbert* (Anglet.); plus à l'O., les *Mariannes*, cap. Agagna, et les *Carolines*, soumises à l'Espagne. L'Allemagne y a obtenu une station navale, et a occupé les îles Marshall, c. *Port Jaluit*.

4° POLYNÉSIE

23. A LA POLYNÉSIE appartiennent : au N., les îles *Sandwich* (80,000 h.), cap. Honolulu; îles où périt Cook en 1779); les îles *Samoa* ou des Navigateurs; les îles *Tonga* ou des Amis. Au S.-E., la France y possède les *îles de la Société*, dont la principale est *Tahiti*, c. Papeïti; les *îles Marquises*, les *îles Gambier*, et le protectorat des îles Basses ou Tuamotou et des îles Toubouaï.

Les *États-Unis* ont occupé quelques-unes des îles Gilbert et des Sporades (Brook, Walker, Christmas, Phœnix, Jarvis, etc.).

24. NOUVELLE-ZÉLANDE. La *Nouvelle-Zélande*, c. Wellington (20,000 h.), comprend deux îles principales : la *N. Ulster* et la *N. Munster*. Ces deux belles îles, occupées par l'Angleterre en 1839, comptent 630,000 h., dont 40,000 Polynésiens, dits Maoris. V. p. Auckland (31,000 h.), Nelson et Dunedin (43,000 h.).

25. RACES. La population de l'Océanie comprend : 1° les indigènes océaniens; 2° les colons européens, Anglais, Hollandais, Espagnols et Français. Le paganisme règne dans la plupart des îles; le catholicisme et le protestantisme, dans les colonies européennes et quelques groupes d'îles.

QUESTIONNAIRE. 1. Indiquez la position de l'Océanie; 2. ... son origine; 3. ... son aspect physique; 4. ... ses détroits; 5. ... ses quatre régions; 6. ... les îles de la Malaisie; 7. ... les Philippines; 8. ... Bornéo; 9. ... les îles de la Sonde; 10. ... Sumatra; 11. ... Java.
12. Parlez-nous de l'île Célèbes; 13. ... des Moluques; 14. ... des races de la Mélanésie; 15. ... de la Nouvelle-Guinée; 16. ... de l'Australie; 17. ... des habitants; 18. ... des colonies anglaises en Australie et Tasmanie.
19. Quelques mots sur les productions de l'Australie; 20. ... sur la Nouvelle-Calédonie; 21. ... sur les îles Fidji; 22. ... sur la Micronésie; 23. ... sur la Polynésie; 24. ... sur la Nouvelle-Zélande; 25. ... sur la population générale de l'Océanie.

OCÉANIE

FRANCE PHYSIQUE.

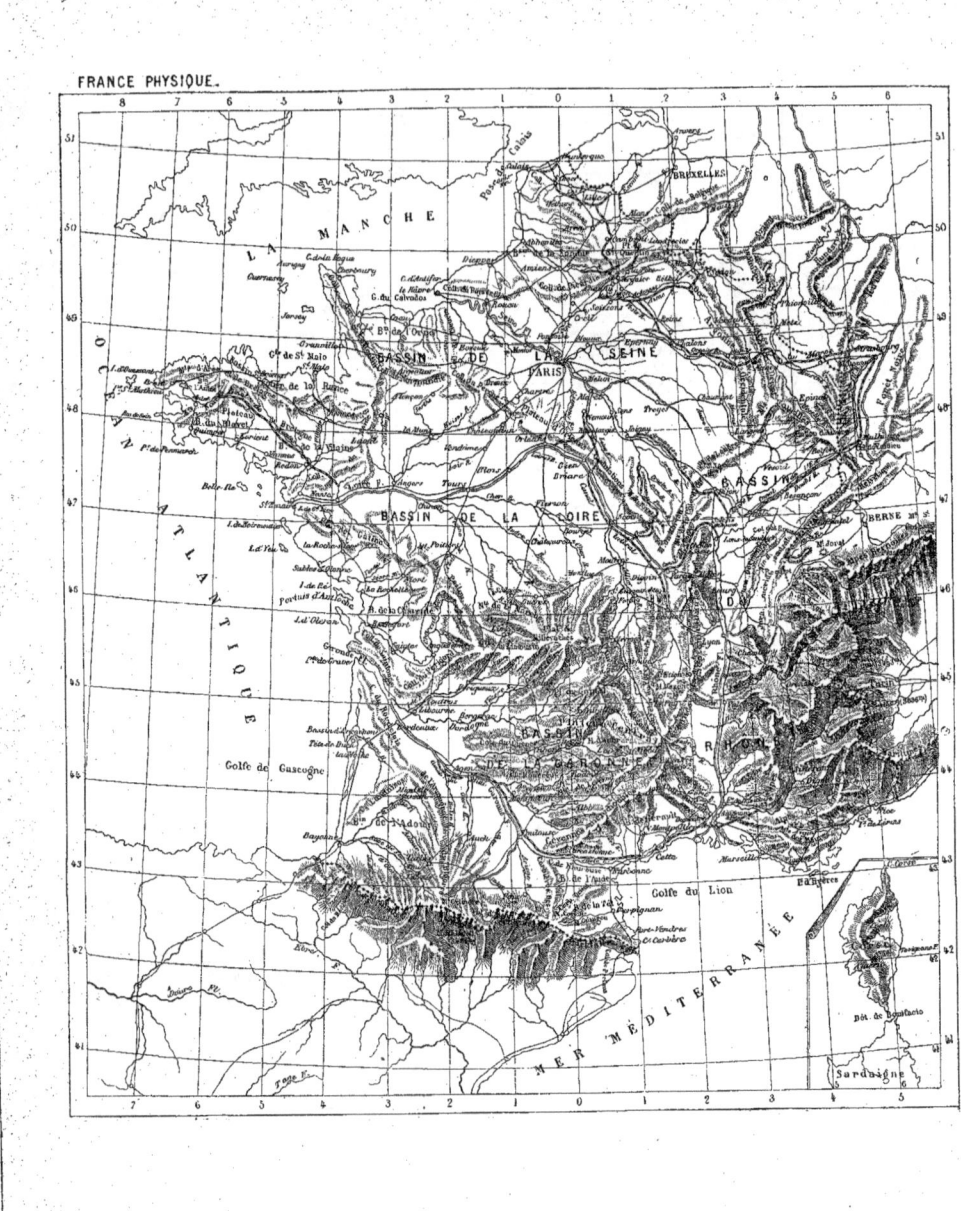

FRANCE PHYSIQUE

SOL DE LA FRANCE.

1. SITUATION ET FRONTIÈRES. La France est comprise entre le 42e et le 51e degré de lat. boréale, le 7e de longitude occidentale, et le 5e de longitude orientale.

Elle a la forme générale d'un hexagone, figure qui a six côtés. Trois de ces côtés forment les *frontières maritimes*: elles sont au N.-O., à l'O. et au S.-E.; les trois autres sont les *frontières de terre*: elles sont au N.-E., à l'E. et au S.-O.

2. VERSANTS. L'intérieur de la France est divisé en deux versants par la ligne de partage des eaux. Cette ligne décrit une grande courbe, qui a la forme d'un S, et se dirige du S.-O. au N.-E.; elle comprend les Pyrénées, les Corbières, les Cévennes, la Côte-d'Or, le plateau de Langres, les monts Faucilles, les Vosges, le Jura et les Alpes.

3. PYRÉNÉES. Les *Pyrénées françaises* courent de la Bidassoa au cap Cerbera, avec une hauteur moyenne de 2,400ᵐ; on les divise en *occidentales*, *centrales* et *orientales*.

Les *Pyrénées occidentales* offrent le col de Roncevaux et finissent au mont Cylindre; les *Pyrénées centrales* s'écartent de la frontière française en formant le *val d'Arran*, où la Garonne prend sa source. C'est là que se trouve le Maladetta (mont Maudit), (3,404ᵐ), le point culminant de la chaîne. Les *Pyrénées orientales*, ou monts Albères, offrent les cols importants de la Perche et de Perthus, et un tunnel où passe le chemin de fer.

Du pic de Corlitte, qui sépare les Pyrénées cent. des Pyrénées or. se détachent les *Corbières occidentales*, qui courent au N. jusqu'au col de Naurouze. Leur hauteur moyenne est de 400ᵐ, mais elles atteignent 2,349ᵐ.

5. CÉVENNES. Du col de Naurouze au canal du centre, s'étendent les *Cévennes*, divisées en *méridionales* et *septentrionales* par le mont Lozère. Les 1ʳᵉˢ ont une moyenne de 1,100ᵐ de haut; les 2ᵉˢ, 800ᵐ. C'est dans les Cévennes sept. que se trouvent le Gerbier des Joncs (1,562ᵐ), source de la Loire, et le Mézenc (1,754ᵐ), le point culminant de la chaîne.

6. CÔTE-D'OR, etc. La *Côte-d'Or*, le plateau de Langres, les monts Faucilles n'ont, en moyenne, que 4 à 500ᵐ; ceux-ci rejoignent les *Vosges* au ballon d'Alsace (1,260ᵐ). Les *Vosges françaises* s'étendent du mont Donon au col de Valdieu; les Vosges *méridionales* seules appartiennent à la ligne de partage des eaux.

7. JURA. Le *Jura* s'étend du col de Valdieu au mont Jorat. Il comprend le Jura *septentrional* jusqu'à la source du Doubs; le Jura *central*, qui continue en France; le Jura *occidental* et *méridional*, et le *Noirmont* en Suisse. Le Jura méridional offre un des points culminants de la chaîne, le *Reculet* (1,720ᵐ). La hauteur moyenne est de 1,000ᵐ.

8. ALPES. De faibles coteaux, qui comprennent le mont Jorat, unissent le Jura aux *Alpes Bernoises*, où s'arrête pour la région française la ligne de partage des eaux : le point culminant des Alpes Bernoises est le *Finster-Aarhorn* (4,280ᵐ); elles sont couronnées de glaciers, et se terminent au St-Gothard, qui est le nœud central des montagnes de l'Europe.

9. Au sud-ouest du St-Gothard se trouvent les *Alpes Penniennes*, qui atteignent 4,618ᵐ au mont Rosa; les *Alpes Grées*, dont le plus haut sommet est le mont Blanc (4,810ᵐ), où se trouve la mer de glace; les *Alpes Cottiennes* et les *Alpes Maritimes* (V. Italie).

10. PLATEAU CENTRAL. A l'O. des Cévennes se trouve un terrain élevé de 7 à 900ᵐ au-dessus du niveau de la mer. C'est le *plateau central*, formé par les Cévennes au S. et à l'E., et au N.-O. par les monts du Velay, de l'Auvergne et de la Margeride, du Quercy et du Rouergue.

11. BASSINS. Les deux versants de la France sont *subdivisés en bassins par des contreforts*, qui vont de la ligne de partage des eaux à la mer. Il y a quatre *principaux bassins*, trois à l'O., la Garonne, la Loire et la Seine, et un au S.-E., le Rhône.

12. BASSIN DE LA GARONNE. Ce bassin est limité au S.-E. par la ligne de partage des eaux jusqu'au mont Lozère; au N., il est séparé du bassin de la Loire par les monts de la Margeride, d'Auvergne (Plomb du Cantal, 1858ᵐ), du Limousin, du Poitou, les plateaux de Gatine et du Bocage.

13. GARONNE. La *Garonne* prend sa source au val d'Arran, baigne Toulouse, Agen et Bordeaux, prend le nom de *Gironde* à son confluent avec la Dordogne et finit à la *pointe de Grave*.

Elle reçoit à g. le *Gers*, qui baigne Auch; à d. l'*Ariège*, qui baigne Foix; le *Tarn*, qui baigne Albi et Montauban; le *Lot*, qui baigne Mende et Cahors; la *Dordogne*, qui baigne Libourne.

14. BASSINS CÔTIERS DE LA GARONNE. On rattache à la Garonne les *bassins côtiers* de l'*Adour* et de la *Leyre*, au S., de la Charente au N. La Garonne est séparée de l'Adour et de la Leyre par les collines du Bordelais, de l'Armagnac et du Bigorre; de la Charente, par les collines du Périgord et de la Saintonge.

15. ADOUR. L'*Adour* baigne Tarbes et Bayonne. Il reçoit à g. le *Gave de Pau*, qui passe à Lourdes et à Pau, et à d. la *Midouze*, qui passe à Mont-de-Marsan. Les *collines Landaises* séparent l'Adour de la *Leyre*, rivière qui se jette près de la Teste de Buch, dans le bassin d'Arcachon.

16. CHARENTE. La *Charente* arrose Angoulême et Rochefort. Au N. de la Rochelle, la *Sèvre Niortaise* arrose Niort.

17. BASSIN DE LA LOIRE. Le bassin de la Loire, est limité au S. par celui de la Garonne; à l'E. par les Cévennes sept. et la Côte-d'Or; au N. par la chaîne armorique, qui comprend les monts du Morvan, du Nivernais, les plateaux d'Orléans et du Perche, les collines de Normandie, du Maine et de Bretagne.

18. LA LOIRE prend sa *source au mont Gerbier des Joncs*, passe entre Le Puy et St-Étienne, baigne Nevers, Orléans, Blois, Tours, Nantes et St-Nazaire.

Elle reçoit à g. l'*Allier*, qui baigne Moulins; le *Cher*, qui baigne Vierzon; l'*Indre*, qui baigne Châteauroux; la *Vienne*, qui baigne Limoges et Chinon, laissant à g. Poitiers (sur le *Clain*). A d., la Loire reçoit la *Maine*, qui arrose Angers, la Maine reçoit la *Mayenne*, qui baigne Laval; la *Sarthe*, qui baigne Alençon et le Mans, et le *Loir*, qui baigne Vendôme.

19. BASSINS CÔTIERS DE LA LOIRE. On rattache à la Loire les *bassins côtiers* de la Vilaine, du Blavet et de l'Aulne. La Loire en est séparée par les collines du Maine. La Vilaine baigne Rennes et Redon, le *Blavet* baigne près de Lorient.

20. BASSIN DE LA SEINE. Ce bassin est limité au S.-O. par la chaîne armorique; au S.-E. par la Côte-d'Or et le plateau de Langres; au N.-E. par l'Argonne occidentale, les Ardennes occidentales et les collines de l'Artois.

21. LA SEINE. La *Seine* prend sa source au *mont Tasselot*, dans la Côte-d'Or, baigne Troyes, Melun, Paris, Rouen et le Havre.

Elle reçoit à g. l'*Yonne*, rivière d'Auxerre et de Sens; le *Loing*, qui baigne Montargis; l'*Eure*, qui baigne Chartres; à d., l'*Aube*, qui baigne Bar-sur-Aube; la *Marne*, qui baigne Chaumont, Châlons, Épernay et Meaux; l'*Oise*, qui baigne la Fère, Chauny, Creil et Pontoise.

22. BASSINS CÔTIERS DE LA SEINE. On rattache à la Seine : à l'O., l'*Orne*, qui en est séparée par les collines du Lieuvin, et la *Rance*, qui en est séparée par les collines du Cotentin; au N., la *Somme*, qui en est séparée par les collines de Picardie et du pays de Caux. L'Orne finit à Caen; la Rance finit à St-Malo; la Somme baigne Amiens et Abbeville.

Au nord-est, dans les **BASSINS PARTIELS** de l'Escaut, de la Meuse et de la Moselle, on trouve Cambrai sur l'*Escaut*; Verdun, Sedan et Mézières sur la *Meuse*; Épinal et Toul sur la *Moselle*.

23. BASSIN DU RHÔNE. Ce bassin est limité au S.-O. par les Pyrénées orient.; à l'O. et au N.-E. par la ligne de partage des eaux jusqu'au mont St-Gothard; au S.-E. par les Alpes Penninnes, Grées et Maritimes. Les Alpes projettent dans l'intérieur du bassin les A. du Valais, de la Savoie, du Dauphiné et de la Provence.

24. RHÔNE. Le *Rhône* prend sa *source au glacier de la Fiurca* au mont St-Gothard, traverse le lac et la ville de Genève, court à l'O. jusqu'au confluent de la Saône où il arrose Lyon, descend ensuite au S. en baignant *Valence*, *Avignon* et *Arles*.

Le Rhône reçoit à g. l'*Ain*; la *Saône*, qui baigne Mâcon; l'*Ardèche* et le *Gard*; à g. l'*Isère*, qui baigne Grenoble; la *Drôme* et la *Durance*, qui passe entre Gap et Digne et finit près d'Avignon.

25. BASSINS CÔTIERS DU RHÔNE. On rattache au Rhône : à d. le *Têt*, qui baigne Perpignan; l'*Aude*, qui baigne Carcassonne; l'*Orb* et l'*Hérault*; à g., l'*Argens*, le *Var* et le *Roya*.

26. CANAUX. Ces bassins sont reliés par divers canaux qui permettent de passer de l'un à l'autre:

1° Le *canal du Midi* entre la Garonne (Castets) et le Rhône (Beaucaire).

2° Le *canal du centre* entre la Loire (Digoin) et la Saône (Châlon-sur-Saône).

3° Le *canal de Bourgogne* entre l'Yonne (Joigny) et la Saône (St-Jean de Losne).

4° Le *canal de l'Est* entre la Saône (St-Symphorien) et l'Ill (Strasbourg).

5° Le *canal de la Marne au Rhin*, par Épernay, Bar-le-Duc et Nancy.

6° Les *canaux d'Orléans* et de *Briare* à Montargis sur le Loing.

7° Le *canal des Ardennes* entre la Marne, l'Aisne et la Meuse.

8° Les *canaux de l'Oise* à la Sambre, et de l'Oise à la Somme et à l'Escaut (canal de St-Quentin).

9° Les *canaux de la Marne* à Brest, et de Nantes à St-Malo.

10° Les *canaux du Nord*, qui unissent l'Escaut à la Scarpe (Douai), à la Deûle (Lille), à la Lys (Aire), à l'Aa (St-Omer), à Dunkerque et à Calais.

QUESTIONNAIRE. 1. Donnez la situation et la forme de la France; 2. ... ses versants et la ligne de partage des eaux. 3. Décrivez les Pyrénées françaises; 4. ... les Corbières; 5. ... les Cévennes; 6. ... la Côte-d'Or, etc.; 7. ... le Jura; 8. ... les Alpes; le Jura et le St-Gothard; 9. ... les Alpes du St-Gothard à la mer.

10. Où se trouve le plateau central? 11. Indiquez la division des versants ou bassins; 12. ... les b. de la Garonne; 13. ... le cours de la Garonne; 14. ... ses bassins côtiers; 15. ... l'Adour; 16. ... la Charente. 17. ... le bassin de la Loire; 18. ... le cours de la Loire; 19. ... ses bassins côtiers; 20. ... le bassin de la Seine; 21. ... le cours de la Seine.

22. Décrivez les bassins côtiers de la Seine, et les bassins partiels du N.-E.; 23. ... le bassin du Rhône; 24. ... le cours du Rhône; 25. ... ses bassins côtiers; 26. ... les canaux qui unissent les bassins.

DIVISIONS DE LA FRANCE

FRANCE POLITIQUE.

1. BORNES. La France est *bornée à l'O.* par l'Océan Atlantique et la Manche; *au N.* par la Belgique, le Luxembourg et l'Allemagne; *à l'E.* par l'Allemagne, la Suisse et l'Italie; *au S.* par la Méditerranée et l'Espagne.

2. PHASES POLITIQUES. Ce pays, qui s'étendait autrefois jusqu'à la *rive gauche du Rhin*, a passé par trois périodes politiques générales : la période *gauloise*, la période *romaine* et la période *française*.

Les *Celtes* en furent les premiers habitants; ils se mêlèrent au S.-O. avec les *Ibères* d'Espagne; puis avec les *Latins*, sous la conquête romaine; enfin avec les *Germains*, lors de l'invasion des Francs. De cette fusion est résultée la *nationalité française*.

3. PÉRIODE GAULOISE. La période gauloise commence *vers le XV° siècle* avant J.-C., et finit à la *conquête de la Gaule* par César, de l'an 58 à l'an 51. Vers cette époque, elle forma *quatre provinces* : la *Belgique*, du Rhin à la Marne et à la Seine; la *Celtique*, de la Seine à la Garonne; l'*Aquitaine*, de la Garonne aux Pyrénées, et le *Narbonnaise*, entre les Pyrénées, les Cévennes, jusque près de Lyon, le Rhône et les Alpes.

4. PÉRIODE ROMAINE. La période romaine, commencée par la fondation d'Aix et de Narbonne en 122 et 118 av. J.-C., fut achevée par la conquête de César et finit par l'invasion des Francs, vers l'an 420, où à la soumission de la Gaule par Clovis (484-511).

L'empereur Auguste avait étendu l'Aquitaine jusqu'à la Loire (27 av. J.-C.), et diverses subdivisions y avaient formé 17 provinces : 2 Germanies, 2 Belgiques, 5 Lyonnaises, 3 Aquitaines, 2 Narbonnaises, la Viennoise, les Alpes Pennines et les Alpes Maritimes.

5. PÉRIODE FRANÇAISE. La période française a commencé avec Clovis et se continue jusqu'à nos jours. Elle comprend : 1° la *période royale*; 2° la *période impériale*, et 3° la *période républicaine*.

6. LES ROIS. Les rois de France ont formé trois dynasties : 1° la dynastie *mérovingienne* jusqu'à Pépin le Bref, en 752; la dynastie *carlovingienne* jusqu'à Hugues Capet, en 987 ; 3° la dynastie *capétienne* jusqu'à la mort de Louis XVI, en 1793, et depuis, de 1815 à 1848.

7. LES EMPEREURS. La France a formé un *Empire* de 1804 à 1815, sous Napoléon Iᵉʳ, et de 1854 à 1870, sous Napoléon III.

Les conquêtes de Napoléon Iᵉʳ étendirent la France jusqu'à *Lubeck* (mer Baltique), et jusqu'au *Tessin* et à la *Parma*, en Italie.

8. LES RÉPUBLIQUES. La France a été constituée en République de 1792 à 1804, sous la *Convention*, le *Directoire* et le *Consulat*; puis de 1848 à 1851, et enfin de 1870 jusqu'à nos jours.

9. GOUVERNEMENTS ANCIENS. Avant 1790, la France formait 32 *grands gouvernements* et 8 *petits*. En voici le tableau avec l'année où ils furent réunis à la couronne :

GROUPE DU S.-O.
1. Béarn.............. Pau....... Henri IV, en 1589.
2. Guyenne et Gascogne. Bordeaux.. Charles VII, en 1458.
3. Aunis et Saintonge. La Rochelle. Charles V, en 1375.
4. Angoumois........ Angoulême..
5. Limousin......... Limoges.... id.
6. Marche........... Guéret..... François Iᵉʳ, en 1523.
7. Auvergne......... Clermont... id.
8. Bourbonnais....... Moulins... id.
9. Barry............ Bourges... Philippe Iᵉʳ, en 1100.
10. Poitou........... Poitiers... Charles V, en 1375.

10. GROUPE DU N.-O.
11. Bretagne.......... Rennes.... François Iᵉʳ, en 1532.
12. Anjou............ Angers.... Louis XI, en 1481.
13. Maine............ Le Mans... id.
14. Touraine......... Tours..... Philippe Aug., en 12ᵉ A.
15. Orléanais........ Orléans... Hugues Capet, en 987.
16. Normandie....... Rouen..... Charles VII, en 1450.
17. Picardie......... Amiens.... Hugues Capet, en 987.
18. Artois........... Arras..... Louis XIV, en 1639.
19. Flandre.......... Lille..... Louis XIV, en 1668.
20. Ile de France.... Paris..... Hugues Capet, en 987.

11. GROUPE DU N.-E.
21. Champagne....... Troyes.... Philippe III, en 1284.
22. Lorraine......... Nancy..... Louis XV, en 1766.
23. Alsace........... Strasbourg. Louis XIV, en 1648.
24. Franche-Comté... Besançon.. Louis XIV, en 1678.
25. Bourgogne....... Dijon..... Louis XI, en 1477.
26. Nivernais........ Nevers.... Louis XVI, en 1790.

12. GROUPE DU S.-E.
27. Lyonnais......... Lyon...... Philippe IV, en 1312.
28. Dauphiné........ Grenoble.. Philippe VI, en 1349.
29. Provence........ Aix....... Louis XI, en 1481.
30. Languedoc....... Toulouse.. Philippe III, en 1271.
31. Comté de Foix.... Foix...... Henri IV, en 1589.
32. Roussillon....... Perpignan. Louis XIV, en 1659.

13. PETITS GOUVERNEMENTS :
1. Dunkerque (1662).   5. Paris.
2. Boulogne (1477).   6. Metz et Verdun (1552).
3. Le Havre.   7. Toul (1552).
4. Saumur.   8. La Corse (1768).

14. NOUVELLES PROVINCES acquises depuis 1789 :
1. Comtat Venaissin... Avignon... Louis XVI, en 1791.
2. Savoie........... Chambéry.. Napoléon III, en 1862.
3. Comté de Nice.... Nice...... id.

15. DIVISION EN DÉPARTEMENTS. Le 15 janvier 1790, l'Assemblée nationale constituante remplaça les *anciens gouvernements* par 83 *départements*; la Convention en ajouta deux autres en 1793, celui du *Vaucluse* et celui de la *Loire*, détaché du département de Rhône-et-Loire. En 1808, Napoléon Iᵉʳ y ajouta le département du *Tarn-et-Garonne*, formé de portions séparées des départements voisins.

16. NOMBRE DES DÉPARTEMENTS. Sous Napoléon Iᵉʳ, les départements furent portés au nombre de 135; mais ceux qui avaient été formés *hors des anciennes frontières* de la France, furent perdus en 1815.

En 1860, Napoléon III put recouvrer le *duché de Savoie* et le *comté de Nice*, dont il forma trois départements ; mais il en perdit trois autres avec sa couronne en 1870 : la *Moselle*, le *Metz* ; le *Bas-Rhin*, à Strasbourg, et le *Haut-Rhin*, à Colmar. En définitive, la France actuelle comprend 86 départements, et le territoire de Belfort, reste du département du Haut-Rhin.

17. GOUVERNEMENT. Depuis 1870, la France forme une *République*, gouvernée par un Président et deux Chambres. Le Président est assisté de onze ministres. Les Chambres sont le *Sénat* et la *Chambre des Députés*. Le *Sénat* est formé de membres nommés à vie et de membres élus pour neuf ans par un suffrage à deux degrés. Désormais, à la mort d'un membre nommé à vie, son remplaçant est élu par un département tiré au sort. La *Chambre des Députés* est élue par le suffrage universel.

18. SIÈGE DU GOUVERNEMENT. Le Président de la République et les deux Chambres siègent à Paris, capitale de la France.

19. ADMINISTRATION DÉPARTEMENTALE. Chaque département est administré par un *préfet*, assisté de deux Conseils : le *Conseil de préfecture* et le *Conseil général*. Chaque arrondissement est administré par un *sous-préfet*, assisté d'un *Conseil d'arrondissement*.

20. ADMINISTRATION DE LA JUSTICE. La Justice comprend une *justice de paix* par canton; un *tribunal civil de 1ʳᵉ instance* par arrondissement; un *tribunal criminel* par département; vingt-six *cours d'appel* et une *cour suprême de cassation*.

21. ADMINISTRATION RELIGIEUSE. Sous le rapport religieux, la France compte 84 *diocèses* dont 17 *archevêchés* et 67 *évêchés*, sans y comprendre les colonies. Celles-ci comprennent 6 diocèses, dont 1 archevêché et 5 évêchés ; il y a de plus 5 préfectures apostoliques.

22. ADMINISTRATION MARITIME. Les côtes de la France sont divisées en *cinq arrondissements* ou *préfectures maritimes*, administrées par un préfet maritime. Ces préfectures sont : *Cherbourg*, *Brest*, *Lorient*, *Rochefort* et *Toulon*.

23. ARMÉE & FLOTTE. L'armée forme 18 corps : l'arm. *active* (3 ans), compte 530,000 h., sur pied de paix; sa *rés.* (7 a.), 1,450,000 h.; l'arm. *territor.* (6 a.), 1,022,000 h.; et sa *réserve* (9 a.), 762,000 h. TOTAL : 3,784,000 h. La *flotte* compte 428 navires, dont 140 *cuirassés* ou *blindés* et 150 *torpilleurs*.

Il y a deux *gouvernements militaires*, à Paris et à Lyon; un 19ᵉ *corps d'armée* pour l'Algérie, et une *armée coloniale*.

24. POPULATION ET ÉTENDUE. La population de la France est de 38,248,903 hab., répandus sur une surface de 528,401 kil. car. ; sur ce nombre, 37,500,000 sont catholiques, 700,000 protestants, 70,000 juifs. Les ministres de ces trois cultes sont reconnus par l'État.

QUESTIONNAIRE. 1. *Donnez les limites politiques de la France*; 2. ... *les périodes politiques par lesquelles elle a passé*. 3. *Parlez de la période Gauloise*; 4. ... *de la période Romaine*; 5. ... *de la période Française*; 6. ... *des rois*; 7. ... *des empereurs*; 8. ... *des Républiques*; 9. ... *de la division ancienne par gouvernement*. Indiquez les grands gouvernements du S.-O.; 10. ... *ceux du N.-O.*; 11. ... *ceux du S.-E.*; 12. ... *ceux du N.-E.* 13. *Citez les petits gouvernements*; 14. ... *les provinces acquises depuis 1789*. 15. *Quand eut lieu la division en départements ?* 16. *Le nombre des départements a-t-il varié ?* 17. *Parlez de la forme actuelle du gouvernement*; 18. ... *du siège du gouvernement*; 19. ... *de l'administration départementale*; 20. ... *de celle de la justice*; 21. ... *de l'administration religieuse*; 22. ... *maritime*; 23. ... *de l'armée et de la flotte*. 24. *Indiquez la population et l'étendue de la France.*

FRANCE POLITIQUE PAR PROVINCES.

DÉPARTEMENTS

TABLEAU DES DÉPARTEMENTS.

1. Le Béarn forme 1 département. (1)
BASSES-PYRÉN.... *Pau*.... Bayonne, Mauléon, Oloron et Orthez.

La Guyenne et Gascogne, 9 dép. (2-10)
HAUTES-PYRÉN. *Tarbes*.... Argelès et Bagnères de Bigorre.
GERS........ *Auch*........ Condom, Lectoure, Lombez et Mirande.
LANDES...... *Mt-de-Marsan* Dax et Saint-Sever.
GIRONDE..... *Bordeaux*.... Bazas, Blaye, Lesparre, Libourne et La Réole.
LOT-ET-GARONNE *Agen*........ Marmande, Nérac et Villeneuve-d'Agen.
TARN-ET-GARON. *Montauban*... Castel-Sarrasin et Moissac.
AVEYRON..... *Rodez*....... Espalion, Milhau, Saint-Affrique et Villefranche.
LOT......... *Cahors*...... Figeac et Gourdon.
DORDOGNE.... *Périgueux*... Bergerac, Nontron, Ribérac et Sarlat.

2. L'Aunis et Saintonge, 1 dép. (11)
CHARENTE-INF. *La Rochelle*. Jonzac, Marennes, Rochefort, Saintes et St-Jean-d'Angely.

L'Angoumois, 1 dép. (12)
CHARENTE.... *Angoulême*... Barbezieux, Cognac, Confolens et Ruffec.

Le Limousin, 2 dép. (13-14)
CORRÈZE..... *Tulle*....... Brives-la-Gaillarde et Ussel.
HAUTE-VIENNE *Limoges*..... Bellac, Rochechouart et Saint-Yrieix.

La Marche, 1 dép. (15)
CREUSE...... *Guéret*...... Aubusson, Bourganeuf, Boussac.

L'Auvergne, 2 dép. (16-17)
CANTAL...... *Aurillac*.... Maurac, Murat et St-Flour.
PUY-DE-DÔME. *Clermont*.... Ambert, Issoire, Riom et Thiers.

Le Bourbonnais, 1 dép. (18)
ALLIER...... *Moulins*..... Gannat, La Palisse et Montluçon.

Le Berry, 2 dép. (19-20)
CHER........ *Bourges*..... Saint-Amand et Saucerre.
INDRE....... *Châteauroux*. Le Blanc, La Châtre et Issoudun.

3. Le Poitou, 3 dép. (21-23)
VIENNE...... *Poitiers*.... Châtellerault, Civray, Loudun et Montmorillon.
DEUX-SÈVRES. *Niort*....... Bressuire, Melle et Parthenay.
VENDÉE...... *La Roche-s.- Yon*..... Fontenay et les Sables-d'Olonne.

La Bretagne, 5 dép. (24-28)
LOIRE-INFÉR. *Nantes*...... Ancenis, Châteaubriant, Paimbœuf et St-Nazaire.
MORBIHAN.... *Vannes*...... Lorient, Pontivy et Ploermel.
FINISTÈRE... *Quimper*..... Brest, Châteaulin, Morlaix et Quimperlé.
CÔTES-DU-NORD *Saint-Brieuc*. Dinan, Guingamp, Lannion et Loudéac.
ILLE-ET-VILAINE *Rennes*..... Fougères, Montfort, Redon, Saint-Malo et Vitré.

L'Anjou, 1 dép. (29)
MAINE-ET-LOIRE *Angers*..... Baugé, Cholet, Saumur et Segré.

4. Le Maine, 2 dép. (30-31)
MAYENNE..... *Laval*....... Château-Gontier et Mayenne.
SARTHE...... *Le Mans*..... La Flèche, Mamers et St-Calais.

La Touraine, 1 dép. (32)
INDRE-ET-LOIRE *Tours*...... Chinon et Loches.

L'Orléanais, 3 dép. (33-35)
LOIR-ET-CHER *Blois*....... Romorantin et Vendôme.
LOIRET...... *Orléans*..... Gien, Montargis et Pithiviers.
EURE-ET-LOIR *Chartres*.... Châteaudun, Dreux et Nogent-le-Rotrou.

La Normandie, 5 dép. (36-40)
ORNE........ *Alençon*..... Argentan, Domfront et Mortagne.
MANCHE...... *Saint-Lô*.... Avranches, Cherbourg, Coutances, Mortain et Valognes.
CALVADOS.... *Caen*........ Bayeux, Falaise, Lisieux, Pont-l'Évêque et Vire.
EURE........ *Évreux*...... Les Andelys, Bernay, Louviers et Pont-Audemer.
SEINE-INFÉR. *Rouen*....... Dieppe, Le Havre, Neufchâtel et Yvetot.

5. La Picardie, 1 dép. (41)
SOMME....... *Amiens*...... Abbeville, Doullens, Montdidier et Péronne.

L'Artois, 1 dép. (42)
PAS-DE-CALAIS. *Arras*...... Béthune, Boulogne, Montreuil, St-Omer et St-Pol.

La Flandre, 1 dép. (43)
NORD........ *Lille*....... Avesnes, Cambrai, Douai, Dunkerque, Hazebrouck et Valenciennes.

L'Île de France, 5 dép. (44-48)
AISNE....... *Laon*........ Château-Thierry, St-Quentin, Soissons et Vervins.
OISE........ *Beauvais*.... Clermont, Compiègne et Senlis.
SEINE....... *Paris*....... (Saint-Denis et Sceaux, arr. s.-préf.).
SEINE-ET-OISE *Versailles*.. Corbeil, Étampes, Mantes, Pontoise et Rambouillet.
SEINE-ET-MARNE *Melun*..... Coulommiers, Fontainebleau, Meaux et Provins.

6. La Champagne, 4 dép. (49-52)
AUBE........ *Troyes*...... Arcis-s.-Aube, Bar-s.-Aube, Bar-s.-Seine et Nogent-s.-Seine.
HAUTE-MARNE. *Chaumont*.... Langres et Vassy.
MARNE....... *Châlons-s.-M.* Épernay, Reims, Ste-Menehould et Vitry-le-François.
ARDENNES.... *Mézières*.... Rethel, Rocroi, Sedan et Vouziers.

La Lorraine, 3 dép. (53-55)
MEUSE....... *Bar-le-Duc*.. Commercy, Montmédy et Verdun.
MEURTHE-ET-M. *Nancy*...... Briey, Lunéville et Toul.
VOSGES...... *Épinal*...... Mirecourt, Neufchâteau, Remiremont et Saint-Dié.

L'Alsace, 1 territoire.
T. DE BELFORT. *Belfort*.

La Franche-Comté, 3 dép. (56-58)
HAUTE-SAÔNE. *Vesoul*...... Gray et Lure.
DOUBS....... *Besançon*.... Baume-les-Dames, Montbéliard et Pontarlier.
JURA........ *Lons-le-Saunier*. Dôle, Poligny et St-Claude.

7. La Bourgogne, 4 dép. (59-62)
AIN......... *Bourg*....... Belley, Gex, Nantua et Trévoux.
SAÔNE-ET-LOIRE *Mâcon*...... Autun, Châlon-sur-Saône, Charolles et Louhans.
CÔTE-D'OR... *Dijon*....... Beaune, Châtillon-sur-Seine et Semur.
YONNE....... *Auxerre*..... Avallon, Joigny, Sens et Tonnerre.

Le Nivernais, 1 dép. (63)
NIÈVRE...... *Nevers*...... Château-Chinon, Clamecy et Cosne.

Le Lyonnais, 2 dép. (64-65)
LOIRE....... *St-Étienne*.. Montbrison et Roanne.
RHÔNE....... *Lyon*........ Villefranche.

Le Dauphiné, 3 dép. (66-68)
ISÈRE....... *Grenoble*.... St-Marcellin, la Tour-du-Pin et Vienne.
DRÔME....... *Valence*..... Die, Montélimar et Nyons.
HAUTES-ALPES *Gap*......... Briançon et Embrun.

8. La Provence, 3 dép. (69-71)
BASSES-ALPES *Digne*....... Barcelonnette, Castellane, Forcalquier et Sisteron.
VAR......... *Draguignan*.. Brignoles et Toulon.
BOUCHES-DU-RHÔNE *Marseille*. Aix et Arles.

Le Languedoc, 8 dép. (72-79)
ARDÈCHE..... *Privas*...... Largentière et Tournon.
HAUTE-LOIRE. *Le Puy*...... Brioude et Yssingeaux.
LOZÈRE...... *Mende*....... Florac et Marjevols.
GARD........ *Nîmes*....... Alais, Le Vigan et Uzès.
HÉRAULT..... *Montpellier*. Béziers, Lodève et St-Pons.
TARN........ *Albi*........ Castres, Gaillac et Lavaur.
HAUTE-GARONNE *Toulouse*... Muret, St-Gaudens et Villefranche de Lauraguais.
AUDE........ *Carcassonne*. Castelnaudary, Limoux et Narbonne.

9. Le Comté de Foix, 1 dép. (80)
ARIÈGE...... *Foix*........ Pamiers et Saint-Girons.

Le Roussillon, 1 dép. (81)
PYRÉN.-ORIENT. *Perpignan*.. Céret et Prades.

L'Île de Corse, 1 dép. (82)
CORSE....... *Ajaccio*..... Bastia, Calvi, Corte et Sartène.

Le Comtat-Venaissin, 1 dép. (83)
VAUCLUSE.... *Avignon*..... Apt, Carpentras et Orange.

Le Comté de Nice, 1 dép. (84)
ALPES-MARIT. *Nice*........ Grasse et Puget-Théniers.

Le Duché de Savoie, 2 dép. (85-86)
SAVOIE...... *Chambéry*.... Albertville, Moutiers et St-Jean-de-Maurienne.
HAUTE-SAVOIE *Annecy*...... Bonneville, St-Julien et Thonon.

10. RICHESSE DE LA FRANCE. La richesse d'un pays dépend de la *quantité* du numéraire qui s'y trouve, de la *fertilité* et de l'*exploitation* de son sol, de ses *mines*, de son *industrie* et de son *commerce*.

11. AGRICULTURE. La France, favorisée d'un *climat tempéré* et d'un *sol fertile*, a pu donner de grands développements à l'agriculture. Elle produit en moyenne, par année, 140 millions d'hect. de *pommes de terre*, 90 à 100 de *blé*, 80 d'*avoine*, 30 à 40 de *vins*, 30 de *seigle*, 20 d'*orge*, 10 de *sarrasin* et 7 millions de quintaux de *sucre de betterave*. Elle nourrit 30 millions de *moutons*, 12 de *bêtes à cornes*, 6 de *porcs*, 3 de *chevaux*, 1 et 1/2 de *chèvres*, 1 d'*ânes* et de *mulets*.

12. MINES. La France extrait, par année, plus de 19 millions de tonnes de *houille*. Elle fabrique annuellement pour plus de 200 millions de francs ou 2 millions de tonnes de *fer*, de *fonte* ou d'*acier*. Elle exploite aussi quelques mines de *plomb* argentifère, de *zinc* et de *cuivre*, des carrières d'ardoises et de marbre, des sources d'eaux minérales, etc.

13. INDUSTRIE. La France est renommée par ses *soieries* (Lyon et Saint-Étienne), ses *draps* et ses *tissus de coton* et de *fil* (Sedan, Elbeuf, Roubaix, Tourcoing, Armentières, Lille, Rouen), ses *dentelles* et ses *tulles* (Alençon, Saint-Pierre-les-Calais), ses *fabriques métallurgiques* (le Creusot, Saint-Étienne, Châtellerault), ses *glaces* (St-Gobain), ses *porcelaines* (Sèvres), ses *tapisseries* (Gobelins), etc.

14. COMMERCE. On évalue à environ 8 milliards le commerce de la France avec l'étranger. L'*exportation* s'opère surtout par les *grandes lignes de navigation*, qui partent de *Marseille* pour l'Orient et l'Asie; de *Bordeaux*, de *Saint-Nazaire* et du *Havre* pour les deux Amériques; de *Dieppe*, *Boulogne* et *Calais* pour l'Angleterre; de *Dunkerque* pour la mer du Nord. La marine marchande de la France se compose de 16,000 bâtiments, dont 460 à vapeur, représentant ensemble un million de tonnes.

QUESTIONNAIRE. 1. Donnez les départements et les sous-préfectures des départements formés par le Béarn, la Guyenne et Gascogne; 2. ... par l'Aunis et Saintonge, l'Angoumois, le Limousin, la Marche, l'Auvergne, le Bourbonnais et le Berry; 3. .. par le Poitou, la Bretagne et l'Anjou; 4. .. par le Maine, la Touraine, l'Orléanais et la Normandie; 5. Par la Picardie, l'Artois, la Flandre et l'Île de France; 6. ... par la Champagne, la Lorraine, l'Alsace et la Franche-Comté; 7. ... par la Bourgogne, le Nivernais, le Lyonnais et le Dauphiné; 8. ... par la Provence et le Languedoc; 9. ... par le comté de Foix, le Roussillon, la Corse, le Comtat-Venaissin, le comté de Nice et le duché de Savoie. 10. D'où dépend la richesse d'un pays? Q-els sont les avantages de la France, relativement: 11. ... à l'agriculture? 12. ... aux mines? 13. ... à l'industrie? 14. ... du commerce?

GÉOGRAPHIE DE L'HISTOIRE ECCLÉSIASTIQUE

A LA MÊME LIBRAIRIE ET CHEZ LES PRINCIPAUX LIBRAIRES :
Du même auteur :

GÉOGRAPHIE DE LA FRANCE, rédigée d'après le nouveau programme de l'examen du baccalauréat ès lettres, conformément au décret du 19 juin 1880, et accompagnée de **quarante cartes coloriées** placées en regard du texte auquel elles correspondent, avec carte complète de la France; troisième édition. Grand in-4°, cart. : **6 fr. 40**.

Séparément : la CARTE COMPLÈTE DE LA FRANCE 45 × 56 cent., collée sur toile : 75 cent. en plus.
CHACUNE DES 40 CARTES SE VEND SÉPARÉMENT : **25 CENTIMES**.

ATLAS GÉNÉRAL DE GÉOGRAPHIE, contenant trente-quatre cartes coloriées et un texte explicatif en regard; septième édition, revue et augmentée. in-4°, cartonné : **2 fr. 75**.

DÉTAIL DES CARTES :

I. ÉTUDE GÉNÉRALE DE LA TERRE. — Carte générale du globe. — Europe physique. — Europe politique. — Asie physique et politique. — Indo-Chine. — Madagascar. — Afrique physique et politique. — Amérique du Nord. — Canada et États-Unis. — Amérique du Sud. — Océanie.
II. ÉTUDE GÉNÉRALE DE L'EUROPE. — Nord-Ouest de l'Europe. — Espagne et Italie septentrionale. — Italie, Grèce, Turquie et Autriche. — Région allemande. — Suisse et Allemagne méridionale. — Nord-Est de l'Europe.
III. ÉTUDE GÉNÉRALE DE LA FRANCE. — Côtes maritimes. — Frontières de terre. — France physique. — France historique. — France politique par provinces. — France politique par départements. — Canaux et rivières navigables. — Colonies françaises. — Chemins de fer.
IV. CARTE HISTORIQUE. — Géographie de l'Histoire ecclésiastique.
SUPPLÉMENT. — Angleterre. — Écosse et Irlande. — Belgique et Hollande. — Allemagne divisée en dix cercles. — Italie septentrionale. — Italie méridionale. — Grèce moderne. — Le Pei-ho et Pékin.

ATLAS DE GÉOGRAPHIE ANCIENNE, contenant dix-huit cartes coloriées avec un texte explicatif en regard, et **vingt-six gravures** représentant des monuments anciens. Grand in-4°, cartonné : **2 fr.**

DÉTAIL DES CARTES :

1 Monde connu des anciens. — 2. Nord de l'Afrique ancienne. — 3. Égypte ancienne. — 4. Palestine ancienne. — 5. Anciens Empires. — 6. Ariane et Inde. — 7. Asie Mineure. — 8. Environs de la Grèce. — 9. Grèce ancienne. — 10. Athènes. — 11. Rome et environs. — 12. Italie Septentrionale. — 13. Sud de l'Italie ancienne. — 14. Espagne ancienne. — 15. Gaule. — 16. Germanie. — 17. Empire d'Orient. — 18. Empire d'Occident.

Publications de A. SENGLER

P. CORNEILLE

THÉATRE CHOISI, 1re Partie, comprenant : Le Cid — Horace — Cinna — Polyeucte, avec notes, analyses, appréciations et questionnaires; édition classique. 1 vol. in-12, broché : **3 fr. 75**. — cartonné : **4 fr.**

Le Cid, séparément; cartonné . . .	1 20	Cinna, séparément; cartonné . . .	. . .	1 fr.
Horace, » » . . .	1 fr.	Polyeucte, » » . . .	. . .	1 fr.

P. CORNEILLE

THÉATRE CHOISI, 2e Partie, supplément au Théâtre classique, comprenant : 1° Nicomède, accompagné d'un commentaire suivi; 2° Des extraits de Médée — Pompée — Le Menteur — Rodogune — Héraclius — Don Sanche — Œdipe — La Toison d'or — Sertorius — Othon — Sophonisbe — Agésilas — Attila, avec notes, analyses et appréciations littéraires; édition classique. 1 vol. in-12, broché : **4 fr.** — cartonné : **4 fr. 40**.

J. RACINE

THÉATRE CHOISI, comprenant : Andromaque — Les Plaideurs — Britannicus — Iphigénie — Esther — Athalie; accompagnés d'un commentaire suivi; — des extraits de La Thébaïde — Alexandre — Bérénice — Bajazet — Mithridate — Phèdre, avec notes, analyses et appréciations; édition classique. 1 vol. in-18 jésus, broché : **4 fr. 50**. — cartonné : **5 fr**.

Athalie, séparément. . . . 1 fr. | Esther, séparément. . . . 1 fr.

MOLIÈRE

THÉATRE CHOISI, 1re Partie, comprenant : Le Misanthrope — L'Avare — Les Femmes savantes — Le Tartuffe, avec notes, etc.; édition classique. 1 vol. in-18 jésus, cartonné : **4 fr.**

Le Misanthrope, séparément; cartonné .	1 20	Le Tartuffe, séparément; cartonné .	.	1 fr.
Les Femmes savantes, » » .	1 fr.	L'Avare, » » .	.	1 fr.
Les Précieuses ridicules, » » .	0 60	Le Bourgeois gentilhomme, » » .	.	1 fr.

GRAMMAIRE FRANÇAISE HISTORIQUE, cinquième édition, 1 vol. in-18 jésus, cartonné.	3 50
GRAMMAIRE FRANÇAISE complète, deuxième édition. 1 volume in-18 jésus, cartonné.	2 50
PETITE GRAMMAIRE FRANÇAISE, sixième édition. 1 vol. in-12, cartonné.	1 50
GRAMMAIRE LATINE, vingt-sixième édition, augmentée d'un chapitre sur l'Étymologie et la Formation des mots. 1 vol. in-12, cartonné.	2 fr.
COURS DE THÈMES, DE VERSIONS ET D'EXERCICES LATINS, mis en rapport avec la Grammaire latine. Volume de septième et de sixième; deuxième édition. In-12 cartonné.	1 50
PROSODIE LATINE, sixième édition. 1 vol. in-12, cartonné.	1 fr.
GRAMMAIRE GRECQUE, vingt-troisième édition, augmentée comme la Grammaire latine, d'un chapitre sur l'Étymologie et la Formation des mots. 1 volume in-12, cartonné.	2 fr.
LIVRE DE LECTURE à l'usage des Écoles, Pensionnats et Collèges catholiques. in-12 de 350 pages, cartonné.	1 50
SOUVENIRS D'ACADÉMIE. — Programmes des Séances littéraires et dramatiques données dans les collèges de la Compagnie de Jésus en France, de 1815 à 1878 : beau vol. grand in-8° de 900 pages, broché.	12 fr.
Percaline, gaufrée à froid, tranche rouge. 15 fr.	Percaline rouge, gaufrée or et noir, tr. dorée.	18 fr.
LES CONGRÉGATIONS DE LA SAINTE VIERGE. Notice abrégée.	» 25

Lille, Typ. J. Lefort. 1880.

www.ingramcontent.com/pod-product-compliance
Lightning Source LLC
Chambersburg PA
CBHW061014050426
42453CB00009B/1438